元東京都副知事
濱渦武生

聞き手・プロデュース
江本孟紀

政治家ぶっちゃけ話

「石原慎太郎の参謀」が語る、
あのニュースの真相

清談社
Publico

政治家

「石原慎太郎の参謀」が語った、
あのニュースの真相

ぶっちゃけ話

はじめに

なぜいま、政治家の素顔を語る決意をしたのか

濵《はま》渦《うず》武《たけ》生《お》

私が石原慎太郎《いしはらしんたろう》さんの知遇を得る機会に恵まれたのは関西《かんさい》大学の学生時代だった。当時、参議院議員だった石原さんとともに魑魅魍魎《ちみもうりょう》が跋扈《ばっこ》する政治の世界に足を踏み入れることになり、すでに五十年以上もの長い歳月が過ぎた。

いや、過ぎ去っていったと言うほうが、現在のわが心境には正確なのかもしれない……。

東京都の仕事から離れて以来、これまで、私のもとには、知り合いの出版関係者などを通じて、たびたび話が持ち込まれた。

「濵渦さんの人生で身の回りに起きたさまざまなことや、目撃した日本政治の場面についての記録を本として残しませんか」

そのたびに、「ありがたい話ではありますが……」と断りを入れてきた。

自分のなかには、「秘書のような黒子役《くろこやく》は表に出てあまり話すべきではない」という気持ちがあり、この五十年間に蓄えてきたものを明らかにすることへの抵抗があったのだ。

どうしても乗り気になれなかったのである。

しかし、小池百合子《こいけゆりこ》東京都知事の作、演出による「築地《つきじ》市場の豊洲《とよす》移転騒動」らしきものに巻き込まれ、敵役に仕立てられたあげく、各方面に好き放題に報道され、ありがたいことに、名うての「悪代官」として全国区になったことで、心境が少しずつ変わってきた。

さらに、二〇二二（令和四）年二月一日に長年仕えた石原さんが亡くなられたことが、いちばん大きい。

「濵渦、もうそろそろ、お前も遠慮せずに好き勝手にしゃべれよ」

そう石原さんが私に呼びかけているような気がしてならない。

本書では、私の親友であり、奇遇にも高知だけでなく永田町《ながたちょう》でも同じ時を過ごすことになった中学校の同級生の江本孟紀《えもとたけのり》元参議院議員からお話があり、聞き手役を務めていただいた。

幼少期から始まって、民族派運動に熱を上げた大学時代や、石原さんに仕えた議員秘書時代と東京都の副知事時代、現在の小池都政や日本政治の問題点など、心の赴くかぎり、自由気ままに話をさせていただいている。

聞き上手《じょうず》な江本さんのおかげもあり、生涯、誰にも話すことはあるまいと思っていた話や、私だけしか知らないような石原さんとのエピソード、私が遭遇した大物といわれる政治家の秘話なども随所に披露したので、その場面を思い浮かべながら楽しんでいただければ幸いである。

さらに、私の政治活動人生だけでなく、江本さんが国会議員時代に取り組んでいたことや、国会議員として見聞した永田町の実態、長いあいだ親交があったカリスマ・プロレスラー、アントニオ猪木《いのき》さんの姿などについても章を割いている。

普段、メディアで見かけるプロ野球の評論家としての江本孟紀ではなく、じつは政界の「第三極」の生みの親といえる政治家・江本孟紀の風雲児ぶりにも、ぜひとも注目してほしい。

おこがましくて、石原さんにはおよぶべくもないが、江本さんの力を借りて、私なりの思いを込めながら、生意気にも半生を振り返ってみた。

石原さんは、よく「俺はテロリストにはなれないけれど、小説を書くことで、俺はテロリストをつくることはできる」と言っていた。

さすがに本書を読んでテロリストになろうと決心する者はいないと思うが、日本国に興味を持ち、国家、社会のために行動を起こすきっかけに少しでもなってくだされば幸いである。

「濵渦、お前もテロリストをつくろうとしているのか?」

ニヤリとヤンチャそうに笑う石原さんが目に浮かぶ。

政治家ぶっちゃけ話
「石原慎太郎の参謀」が語った、あのニュースの真相

目次

CONTENTS

第3章 石原慎太郎との出会い

第4章 自民党総裁選と東京都知事選

CONTENTS

第5章
東京都政ぶっちゃけ話

第6章 小池百合子の虚実

第7章 政界再編「第三極」と江本孟紀

第8章 令和時代の政治家たちへ

第1章

土佐のいごっそう

高知市立潮江中学校の同級生として出会った江本孟紀（左）と濵渦武生（右）。
（撮影：吉場正和）

高知市立潮江中学校での出会い

——ともに一九四七（昭和二十二）年に高知県に生まれた濵渦武生と江本孟紀は、高知市立潮江《うしおえ》中学校で同級生となる。

二人は、その後、三十年以上の時を経て、東京・永田町にある参議院議員会館で、国会議員と議員秘書として再会する。

濵渦　江本さんは潮江中学校には二年生のときに転校して来たんですよね。

スラリとした長身のハンサムな男子が転校してきたというので、私とはクラスは違いましたが、けっこう目立っていたので覚えています。

江本　僕は父親が高知県警で働いていたので、子どものころから高知県内を頻繁に転校していたんです。

幼稚園に二カ所通って、小学校はなんと四校、中学校も二校に通うことになり、潮江中が二校目の中学校でしたね。

最初に通っていたのは高知市内の城北《じょうほく》中学校です。そこに一年半通ったら、父親がまた転勤になったので、校区が変わって潮江中に転校しました。濵渦さんとは、そこで出会いましたね。

潮江中は、ちょっと変わった中学校でした。すぐ近くに高知競馬場があるから、騎手はもちろん、調教師、厩務員《きゅうむいん》など、競馬場で働く人たちの子どもが、たくさん通っていました。

濵渦　僕らの一学年下には、福永祐一《ふくながゆういち》さん（現在は調教師。騎手時代には通算二千六百三十六勝を挙げている）のお父さんの福永洋一《よういち》さん（通算九百八十三勝、天才騎手として知られるが、一九七九年に落馬事故で引退）がいましたね。

江本　私は甲子園《こうしえん》常連の強豪校の高知商業で野球をすることを目指して、ひたすら野球漬けでした。

四国は、どこも野球がさかんで、私も野球ばかりやっていたけれど、潮江中自体は不良が多くて荒れ狂っている時代でした。

いま思い出すと漫画のような世界で、本当にとんでもなかった。

濵渦　窓ガラスがないのが当たり前でしたからね。窓ガラスを入れても、すぐに割られてなくなってしまうから、窓ガラスが全部あるのは四月の最初のほうだけ。
途中から補充しても、またすぐに割られてしまうから、学校側もあきらめて補充されなくなる。冬になると風が入ってくるから、本当に寒かった（笑）。

江本　潮江中の隣は私立の土佐《とさ》中学・高校という甲子園にもよく出場していた有名な品のいい私立の中高一貫校がありましたが、潮江中は対照的で見事に不良ばかり。

濵渦　品がいいかどうかは別として、土佐中学・高校は、とにかく学業を推奨して、県下でいちばん学力の高い子どもたちばかりを集めていました。野球も推薦で、各地からうまい子たちを集めていた。
一方で、私たちが通う潮江中は高知市立。昭和三十年代（一九五五〜一九六四年）は、まだまだ日本が豊かではない時代だから、貧しい家庭の子どもたちもたくさん通っていたので、本当に荒れていました。
とくに江本さんや私のような、その学区で育ったわけじゃない「よそ者」の子どもは不良から目をつけられやすかった。江本さんも二年生からの転入組でしょう。

江本　濵渦さんは中学校から高知市なんですよね。

濵渦　ええ。私は「外に出て経験してこい」という父親の教育方針もあって、中学から高知市に来たんです。

潮江中に通い始めるときに、三歳下の妹と一緒に高知市に出てきて、二人でアパートで暮らしていました。

最初は親戚のおばさんも含めて三人で一緒に暮らしていたんですが、おばさんが亡くなってしまって。

それからは妹と二人でしたね。六畳と四畳半の二間のアパートで、自分で布団を敷いて、食事だけは近所の下宿屋さんに食べに行っていましたね。

その下宿屋さんのおばさんが私たち兄妹のことを、よく面倒見てくれていました。

江本　そのころから自立されていたんですね。

濵渦　はい。小学校までは高知県の東部の地域で暮らしていました。

出身地は安芸郡《あき》北川村《きたがわ》という小さな村。いまでは過疎化が進んで、人口も千人ほどになってしまいましたが、明治維新の前夜に坂本竜馬《さかもとりょうま》とともに活躍した中岡慎太郎《なかおかしんたろう》の出身地なんです。

中岡は、そこの庄屋《しょうや》の家から出たんです。いまでは中岡慎太郎の記念館がありますよ。

北川村は、ゆずの名産地として、いまでは少し知られていますが、かなりの山間部なんです。物心つくころには父親にならって山で猟をしていました。狩猟は、いまでも私の趣味ですね。

小学校に入学するときには、村から近くの安芸郡奈半利《なはり》町に出て、奈半利小学校を卒業しています。

中学に入るときには、妹と一緒に親元を離れて高知市に移り住んで越境入学したかたちですね。妹は潮江小学校に通って、そこを卒業したら、私立の土佐女子に通いました。

潮江中学の地元の子どもたちから見れば、私は片田舎から来た完全な異端児だったのでしょう。正義感が強く、多少成績もよかったので、とくに目立っていたのかもしれません。

中学二年生のときに不良グループに呼び出されたことがあります。

相手が日本刀を振り回してきたから、こちらもとっさに、こうもり傘で対抗しました(笑)。六人を相手にケンカしたこともありましたね。

不良少年たちが群れをなして悪さをしていても、職員室の先生は、その子たちの親が怖いものだから、まったく止めようとしない。

それどころか、見て見ぬふりばかりしているから、不良たちもつけあがって、余計にのさばってしまう。悪循環で、あれはひどいものでした。

クラスもどんどん荒れてくるから、一年の後半になると、学校はほぼ休校しているような状態でした。

江本　とにかく不良が多かったですね。野球の練習をしていても、塀を乗り越えて、グラウンドに野球部の選手たちを威嚇しながら入ってきて暴れている。

しかもタオルを巻いた刀まで持っているのもいる。中学生のすることじゃないですよ。

こちらは転校生で何も事情を知らなくて、転校してきたばかりのときには文句を言ったから、いっせいにからまれました。

その前に通っていた城北中でも、不良はいましたが、さすがに、そこまでヤンチャなのはいなかった。

練習しているところに塀を乗り越えてワーッて入ってくるんだから。途中から慣れて気にならなくなりましたが、最初は本当に驚きましたよ。

濵渦　そういう時代ですから、中学校を卒業してから、高校には行かずに、そのまま暴力団の構成員になる同級生も多かった。

高知には、のちに山口組《やまぐちぐみ》の二次団体になる豪友会《ごうゆうかい》という大きな組がありましたから、目をつけられてスカウトされると、入ってしまうんですよね。

江本　一九八〇（昭和五十五）年一月二十七日に四代目山口組の竹中正久《たけなかまさひさ》組長が大阪の吹《すい》田《た》市で射殺された事件がありましたが、あのとき、竹中組長と一緒に射殺された中山勝正《なかやまかつまさ》若頭《わかがしら》が豪友会の組長でしたね。

山口組と一和会が対立した山一《やまいち》抗争のときは毎日、そんなニュースばっかりでした。

濵渦　結局、暴力団に入った私たちの同級生たちも、暴力団同士の抗争で刺し殺されたりしましたからね。

「反・日教組」からの政治意識の芽生え

――江本や濵渦が生まれ育ったころの高知県では日本教職員組合（日教組）の活動が全国でも有数に活発だった。

そのため、日教組の教師たちは、授業そっちのけで勤務評定闘争［＊1］（勤評《きんぴょう》闘争）に熱を上げていて、小学生だった二人には、そのことが政治を意識する強烈な原体験となったという。

濵渦　当時の高知県の日教組は活発で、組合は勤評闘争に熱心な人たちばかりで、授業なんて、本当にそっちのけでした。

ほとんど授業が行われないから、教科書の最後まで行かずに、半分くらいで終わってしまう。

ひどいのは、公立の教育現場が混乱しているのをわかっているから、学校の先生たちが「自分の子どもだけは……」と公立には通わせずに、私立の土佐中に進学させているケースが多かったこと。

江本　勤評闘争は、ちょうど私たちが小学四年生だった一九五七（昭和三十二）年から始まったから、よく覚えています。

なぜ、覚えているかといえば、うちの父親が警察官だったので、教員が逮捕された組合

＊1 **【勤務評定闘争】** 一九五七（昭和三十二）年から一九五八（昭和三十三）年にかけて、公選制から任命制に変わった教育委員会制度のもとで教員に対する勤務評定が行われるようになり、教職員の団結を破壊するものとして、各地の教職員組合を中心に行われた反対闘争。規則の制定や校長の評定書提出を阻止しようとする組合によって休暇闘争などの激しい反対闘争が展開され、活動が激しい地域では教育現場にも相当な混乱があったという。

員への応援の意味で、警察署の前で、しょっちゅうデモが行われていたんです。警察署の横に官舎があって、そこに家族で住んでいましたから。

逮捕された組合員が留置場に入っていると、デモをする教員が警察署の前に来て、「○○くん、頑張れー」なんて、ひと晩じゅう叫んでいる。

その連中が、うちの父親みたいな警察官に対しては、平気で「税金泥棒!」とか、罵詈《ばり》雑言《ぞうごん》を言ってくるんです。

子どもながらに、仕事そっちのけで組合活動に勤《いそ》しんでいる教師たちのほうが、よほど税金泥棒だろうに、と思っていました。

そのころから、私は一貫して、今日にいたるまで反日教組。十歳のときからですから、すでに七十年近くになる。これは筋金入りですよ(笑)。

のちに不思議な縁で、日教組の支援を受ける国会議員が所属する民主党に在籍することになりましたが、そのときも、この姿勢は貫いて、気にせずに批判していました。

もっとも民主党は右から左まで、いろんな考えの議員がいたごちゃまぜの政党でしたから、それほど気にする必要もありませんでしたが。

濵渦　小学生のときも中学生のときも、一冊の教科書を授業で最後まで「完走」したことが一度もないんですよね。いつも三分の一くらい余らせて、教わっていない部分があるのに、次の学年に上がってしまう。

先生が組合の集会に行くために、頻繁に自習になるから、ひどいものでした。

それでいて、自分の子どもたちは公立に入れずに私立に行かせるんだから、教員天国でめちゃくちゃでしたね。公立の学校に子どもを通わせてはいけないと、教員が自覚しているわけですから。

江本　当時の日教組の委員長は、のちに社会党の参議院議員になる小林武《こばやしたけし》さんでしたが、一九五八（昭和三十三）年に、高知県に来県してきた際に集会で殴られる事件がありましたね。

濵渦　あれは日教組の大会が、高知県の現在の香美《かみ》市にある繁藤《しげとう》小学校の体育館で行われたときですね。

演説が始まったら、村の有志の青年団が、電気を消して、彼らをボコボコにしたんです。

江本　子どものころ、そんなに政治に関心があったわけじゃないけれど、勤評闘争があったから、「あいつら（教師たち）は敵なんだ」っていう感覚が、子ども心にもしみ込んでいました。

濵渦　繁藤小学校には紀元節《きげんせつ》（現在の建国記念の日）を祝う神武《じんむ》天皇の銅像があったんです。そこの校長先生にとっては、そのことが誰より自慢。

　でも、戦前から戦中の教育を毛嫌いする日教組としては、神武天皇を擁護していることがどうしても許せないから、あえてその学校で、これ見よがしに大会を開催したわけです。

　そういう挑発的なことをしたから、地元の人たちを刺激して、ボコボコにされたんでしょう。

江本　その事件は覚えています。子ども心に、本当に強烈でした。

濵渦　あの時代は、どうしても政治を意識せざるをえない社会状況と地域状況がありましたね。

　私は、そういう教員たちの怠慢を毎日見て育ったから、「公務員になって出世しよう」なんていう感覚がまったくなかった。

　学校の先生のことを「尊敬しろ」と言われても、みんながサボってばかりなのを目の当たりにしているから、「いちばん尊敬してはいけない人たちなんだ」と子ども心に思っていました。

江本　大人がサボっているのを毎日、目にしていたわけですからね。

濵渦　うちの父親も、もともとは職業軍人だったけれど、敗戦後に公職追放されて高知に帰ってきて何年かたってから、ようやく奈半利町の営林署に採用されてコツコツと真面目に働いていましたよ。魚梁瀬杉《やなせすぎ》などを運ぶ運輸部で働いていました。

江本さんのお父さんのような警察官も一緒ですが、そういう人たちに比べたら、「組合の先生たちは何をやっているんだ」というのが子ども心にありましたよ。

江本　やはり子どものころの体験は強いですからね。日教組の活動がさかんじゃない地域もあるから、同じ世代でも、そういう感覚がない人もいるとは思いますが、勤評闘争のことは、いまでも思い出しますね。

濵渦　そのほかにも、「君が代を歌ってはいけません」とか、「日の丸の掲揚は認めない」ということが当たり前だった。

僕は学校で君が代を教えてもらっていないから、歌う機会が一度もありませんでしたよ。

江本　僕もそうですよ。一回、開会式でどこでもいいから、君が代を歌わせてもらいたい。高知ファイティングドッグス（独立リーグ・四国アイランドリーグ所属）の試合で歌わせてもらおうかな、と思っていますよ。

濵渦さんも一緒にどうですか（笑）。

すよ。

濵渦　江本さんは過去にレコードも出しているくらい歌が上手《じょうず》ですから、独唱ができま

　僕なんかは昔、隣にいた麻生太郎《あそうたろう》元総理から「なんか、お前は音が違うな」と指摘されたことがあったくらい（笑）。麻生さんだって、私に負けず、音痴じゃないかなと思ったものでしたが。

江本　勤評闘争だけではなく、あのころの公立の学校では偏向した左翼的な教育がすごく多くてウンザリしましたね。

　たとえばアメリカによる原水爆の実験が行われるニュースが入ってくると、社会科の先生が子どもたちに便箋を配って、アメリカのドワイト・アイゼンハワー大統領に原水爆実験禁止の手紙を書かせようとする。

　それも許せませんでしたね。

　しかも手紙を書かせようとするのは、なぜかアメリカの実験のときだけで、社会主義陣営のソビエト連邦が実験したときには、そういう授業はいっさいなかったのも変な話でした。「（ニキータ・）フルシチョフ（書記長）に書きましょう」と言い出したって、おかしくないんですから。

濵渦　「ソ連の核兵器は正義の核兵器だから」と授業で堂々と先生がかばっていましたからね。「ソ連は正義の兵器だけど、アメリカは侵略のための兵器だから、いけません」と、そういう考え方を教わるわけです。

共産党の委員長を長年務めた不破哲三《ふわてつぞう》（元衆議院議員）や、不破の実兄にあたり、共産党の副委員長などを歴任した上田耕一郎《うえだこういちろう》（元参議院議員）の父親の上田庄三郎《しょうざぶろう》も土佐清水《とさしみず》市出身。明治時代に無政府主義者だった幸徳秋水《こうとくしゅうすい》も四万十《しまんと》市の出身です。

高知県には政治的に左派を輩出しやすい土壌があったのかもしれません。

江本　高知県では、大胆不敵にして豪快、頑固で気骨があり、先進的、進歩主義的な男性を「いごっそう」と呼びます。

やっぱり明治時代に自由民権運動が始まった地域ですから、政治がさかんな地域ではあるんですよね。

濵渦　吉田茂《よしだしげる》（元総理大臣）や林譲治《はやしじょうじ》（元衆議院議長）など、保守系の政治家も輩出していますが、戦後は左派の政治家も多かった。

当時の中選挙区制では、高知は全県区で定数は五人。

共産党の山原健次郎《やまはらけんじろう》が一九六九（昭和四十四）年からずっと議席を維持していたし、社会党も最低でも一議席は持っていた。

社会党では参議院議員に坂本昭《さかもとあきら》（参議院議員を一期務めたのち、高知市長を三期務める）という医師出身の政治家がいて、安保条約反対を訴えていたのを、よく覚えています。坂本さんは安保闘争で東京大学の樺美智子《かんばみちこ》さんが亡くなられたとき［＊2］には、彼女の死因について、「警察官に踏み殺された」と主張していたけれど、実際は全然違った。そういう物語をつくりあげて流布していたんですよね。

そういえば、その樺さんは亀井静香《かめいしずか》さん（自民党政調会長や建設大臣などを歴任。石原慎太郎の長年の盟友でもあった）と大学で顔見知りだったんです。

合気道部だった亀井さんは東大の駒場寮《こまばりょう》に野良犬を集めてきて、それを撲殺して、焼き鳥だと言って串に刺して売っていた。

その焼き鳥を買わされて食べたのが、のちに警察庁長官時代に狙撃されることになる國《くに》松孝次《まつたかじ》さん（のちにスイス大使）でした。

國松さんが兵庫県警の本部長のときに、「亀井に野良犬を食わされたんだ」って、よくボヤいていました。じつは、その野良犬は樺さんが「デモ」って名前をつけて、こっそり飼っていた犬だったらしいんだけれどね（笑）

江本　あの時代は労働組合の活動もさかんでしたから、子どものところにも政治にからんだ話がバンバン入ってきましたね。

濵渦　高知県は自民党が多いといっても、根は共産主義ではないけれど、純粋主義なところがありました。

海がすぐそこに迫っていて、緑の山々（四国山地）が後ろに控えていて、夜空を見たらキラキラした星があって……自然に恵まれて、きれいなところですからね。

台風をはじめとした自然災害も定期的にあるから、変な理屈を言っても通じないところがありました。年に何回か台風が来るから、「みんなでスクラムを組むぞ」となって、ただひたすら耐えるしかないところがあったんです。

台風が過ぎると、「あのつらかったことも全部忘れて、一杯飲もうか」となりましたよ。

江本　いま考えると、そういう地域性があるところで育ったということも大きいですね。

＊2【**樺美智子さんが亡くなられたとき**】アメリカのドワイト・アイゼンハワー大統領の訪日を目前にした一九六〇（昭和三十五）年六月十五日、東京大学の学生の樺美智子さんは、デモ隊の一員として衆議院南通用門から国会構内に乱入して警官隊と衝突した際に死亡している。当時は樺さんの死因をめぐり、さまざまな憶測が飛び交っていた。

私と濵渦さんは、中学校では同じクラスになったことはなかったけれど、同じような体験というか、同じ時間を過ごしているから、いまでも妙な連帯感があります。

濵渦　八十歳が近くなると、「お互い、よく生き残ったなあ……」という戦友みたいな感じもありますね。

江本　僕も野球をしたり、いろいろな分野での活動もしたりして、国会議員までやりましたが、決して順風満帆な人生ではありませんでした。ひどい目にもたくさんあったし、失敗もしてきました。

そんな二人が永田町で再会して、こうして対談をしているのだから、本当に偶然です。

濵渦　そもそも高知の同じ中学校出身の人が東京で出くわしたことがないんだから、江本さんは私にとって心強い存在ですよ。

そういえば、同級生で有名になったのは、江本さんのほかに、もうひとりいますね。二年生のときに江本さんと一緒のクラスに谷岡健吉《たにおかけんきち》さんがいました。

江本　彼はＮＨＫ（日本放送協会）に入ってＮＨＫ放送技術研究所の所長になりました。潮江中学校から高知工業に行き、ＮＨＫ四国に入って一所懸命に勉強して、高感度カメラを発明したりして、その分野では世界的に活躍していますね。

濵渦　谷岡さんと僕は同じ化学部に所属していたんですが、ここだけの話、一緒に爆弾をつくっていましたよ。

理科室の横のコンクリートを溶かして怒られたりしました（笑）。先生の言うことを聞いていていても、つまらないなあと思うじゃないですか。結局、教科書に書いてあることをしゃべっているだけだから。

自分がわからないことを聞いたら、「それは君が調べてください」と言われたのを、いまでも覚えています。

江本　そういえば、朝から晩まで天気図を描いている変わった同級生がいて、そのうち気象庁に入りましたね。

彼も偉くなったんじゃないかと思うけれど、どうしているかな。

もしかしたら、そういうマニアックな人を輩出する土壌が潮江中にはあったのかもしれません。

夢はグアテマラのギャングの親分だった

――潮江中を卒業後、甲子園を目指していた江本は希望どおりに強豪校の高知市立高知商業高校に入学。一方で、濵渦も高知県立追手前《おうてまえ》高校に入学する。

濵渦　江本さんが入学された高知商業は四国四商（ほかに松山《まつやま》商業、徳島商業、高松《たかまつ》商業）と称された強豪校のひとつでしたね。

江本さんをはじめ、高橋善正《たかはしよしまさ》さん（元東映《とうえい》フライヤーズ＝現在の北海道日本《にっぽん》ハムファイターズ、読売《よみうり》ジャイアンツ＝以下、巨人）、鹿取義隆《かとりよしたか》（元巨人、西武《せいぶ》ライオンズ、巨人ＧＭ）、中《なか》西清起《にしきよおき》（元阪神《はんしん》タイガース）、岡林洋一《おかばやしよういち》（元ヤクルトスワローズ）、藤川球児《ふじかわきゅうじ》（元阪神、ＭＬＢ、現・阪神監督）など、多くのＯＢがプロ野球で活躍されています。

江本　ええ。高校では二年のときからエースで四番になって、秋の四国大会で優勝して、春のセンバツへの出場を決めました。

でも、開幕までもう数日というときに、友人たちと喫茶店でテレビを見ていたら「春のセンバツ出場高校、暴力事件で出場辞退か」というニュースが流れたんです。

「こんな時期に、どこの高校だろう」と思っていたら、画面の下に高知商業と出て、目の前が真っ暗になりましたよ。

結果的には暴力事件による連帯責任で出場できなくなってしまったんです。甲子園を目標に高校生活のすべてを懸けてきましたからね。

しかもセンバツの出場辞退だけでなく、一年間の対外試合禁止の処分も出てしまい、夏の甲子園に出場する道も完全に断たれてしまった。本当に悔しかったですよ。

修学旅行代わりにと、春休みにセンバツの開会式を甲子園のスタンドで見たのですが、「自分が行進するはずやったのに……」と思って、悲しくて泣きましたね。自分のなかでも最大の挫折体験でした。

濵渦さんは、高校卒業後は中南米のグアテマラに移住しようと思っていたんですか。

濵渦　高校時代は高知駅や高知港に遊びに行っていました。駅や港には各地からいろんなものが入ってくるから、それを見るのが好きだったんです。

高知港ではコーヒー豆が入った麻袋がたくさん積まれていて、その空き袋をもらいに行くこともありました。わりとバンカラでしたから、その袋を通学用のカバンにしようかなんて思ったんです。

狭い高知港にグアテマラの船が来ていることに気づいて、当時はグアテマラなんて聞いたこともないし、イメージすら湧かない。

どういう国かも知らないけれど、船のなかで皿洗いをすれば、グアテマラまでは乗せていってもらえるという話を聞いて、興味を持ちました。

江本　冒険心がありますね。

濵渦　東京にある船舶会社の本社に連絡までして渡航用の書類をもらって、印鑑を押せば行けると思っていたんです。船に乗って働きながら、向こうに着いたら移民団にでも入ってみようかなと。

でも、そのとき、一緒に住んでいた母親ががんを患っていて、高知市民病院に通いながら闘病中だったんです。

その母親に書類を見つけられてしまって、「武生、これはどういうこと？　説明しなさい」と問いつめられました。

「グアテマラなんかに行くんなら、私が死んでからにして」と泣いて止められたんです。

そこまで言われたら断念せざるをえません。

その後は父親に「大学で五年だけ遊ばせてほしい」と頼んで、地方試験を受けて関西大学に行くことにしました。

江本　濵渦さんはグアテマラに行ったら何をしたかったんですか。

濵渦　本当は向こうでギャングになりたかったんです。ギャングの親分になって、日本に帰ってきて、夜の帝王になろうかなと（笑）。

あのころは邦画で、そういうギャング映画がたくさんつくられていて、片岡千恵蔵《かたおかちえぞう》あたりのスター俳優が演じていました。

ギャングの親分でありながら友だちに警視総監がいたりとか、そういう映画に憧れを持っていたんですね。

江本　濵渦さんだったら、もしグアテマラに行っていたら、本当に親分になっていたんじゃないですか。

濵渦　なりたかった。東京都の副知事や総理大臣よりギャングの親分になりたかったんですよ（笑）。

第2章

学生運動の季節

1970年11月25日、自衛隊東部方面総監部市ヶ谷駐屯地の2階バルコニーで演説する三島由紀夫。
「楯の会」メンバーとも知り合いだった濵渦にも、すぐに連絡があった
（提供：共同通信社）

「反・全共闘運動」で二度刺される

――一九六六（昭和四十一）年四月、関西大学文学部新聞学科に入学した濵渦は、全共闘（全学共闘会議）運動が全盛期を迎えるなかで、彼らに対抗すべく、民族派学生として、反・全共闘の闘士となっていく。

江本　濵渦さんは関西大学時代、関西で民族派の学生たちのリーダーだったんですよね。

濵渦　当時は七〇年安保があって左翼学生たちが活発でした。私は彼らに対抗するための民族派の学生のネットワークづくりをやっていたんです。

最初は学内にある「政治問題研究部」に入ったことからですね。部室には国旗が掲げてあり、男子学生たちは詰め襟姿。バンカラだった私の感性に、なんだか合ったんです（笑）。

そのあとは学友会自治会の役員になって、三年生のときには書記局長を務めました。予算配分をめぐって全共闘系の学生たちと、さんざんやり合いましたよ。議論はもちろん、ケンカもしょっちゅうです。

一九六九（昭和四十四）年六月には全共闘による大学会館の封鎖が始まって構内が無法状態になったこともありました。

学内封鎖の翌日に五千人規模の討論集会を学友会としてやったんです。集会のあいだに学外の全共闘が乱入してきて、すさまじい乱闘でした。

江本　あの時代にそこまで戦っていたら、濵渦さんも過激派の学生たちから目をつけられたんじゃないですか。

濵渦　ええ。私と間違えられて学外の連中に拉致されて、リンチされたあげくに指と足をパイプで折られて、顔じゅうをたばこの火で焼かれた友人がいました。

なんとか救出して病院で手術して助かったのですが、駆けつけたお姉さんが泣いていましたね。病院の待合室のテレビに甲子園の松山商と三沢《みさわ》高の決勝戦が流れていた記憶があるから、一九六九（昭和四十四）年八月十八日か十九日だったと思います。一試合目か再試合のほうか、どちらかは覚えていませんが。

江本　濵渦さんも危険な目にあったことがあるんですか。

濵渦　ここだけの話、私自身も刺されたことが二度ほどあります。

一度目は大阪の梅田《うめだ》にある阪急東通《はんきゅうひがしどおり》商店街に「セシボン」っていう飲み屋さんがあって、そこに友人と学生服で入っていってハイボールを飲んでいたら、チンピラのお兄ちゃんがからんできたんです。

もみ合いになっているうちに刃物が下から出てきて、ブスッと刺されました。近くの大阪中央病院で診てもらって、命に別条はありませんでした。それが一度目ですね。

そのときはチンピラとのケンカみたいなものですが、こう見えても全共闘学生からは目をつけられて五万円の賞金首(懸賞金をかけられた人)になっていたんです。民族派としては目立っていましたから。

あるとき兵庫県の尼崎《あまがさき》を歩いていて、「なんかおかしいな」と感じて振り向いたら、いきなり首元をナイフで刺されそうになったことがあります。思わず左手でナイフを押さえて命拾いしましたよ。

そのままひたすら走って逃げて病院に駆け込んだら、もう硬直して手が開かない。なんとか開くとピューッと血が噴き出てきた。そのときの神経の切れた傷跡が、いまだに手に残っています。

江本　それは背後からの殺気に気づいたんですか。

濵渦　不思議ですが、なんとなくわかるものなんですね。
あの当時は自分自身も殺気立っていたというか……つねに緊張状態にいて、警戒心があったんだと思いますよ。

松下政経塾とのかかわり

――一九七〇（昭和四十五）年三月に関西大学を卒業した濵渦は民族派学生たちを集めて私塾である「新潮塾《あらしおじゅく》」を開いて活動していく。多くの学生を集め、最盛期には関西を中心に二百人ほどの動員が可能だったという。

江本　せっかくなので、若いころの民族派としての活動についてももっと教えてください。
大学卒業後は自分で塾をやっていたんですよね。

濵渦　「新潮塾」では関西のいろんな大学から学生を集めていました。
講師には未来学者として知られていた坂本二郎《さかもとじろう》さん（一橋《ひとつばし》大学教授、ＮＨＫ解説委員）、京都大学教授で政治学者の高坂正堯《こうさかまさたか》さん、西洋史学者の会田雄次《あいだゆうじ》さんとか、いま思うと錚々《そうそう》たるメンバーに来てもらっていました。

その塾に来ている学生たちを三島由紀夫《みしまゆきお》事件のときに「動かそうか」という話になったんです。

江本　塾とはいっても学習塾とは違うわけですね。

濵渦　ええ、もちろん。勉強ではなく思想や哲学を教え、そして実戦訓練を行う塾です。なぜ、そんな塾をやったのかといえば、僕はもともと大学を卒業したくなかったんです。でも、みんなが卒業すると言うから、自分でも卒論を三日三晩かけて百枚ほど書いたら通過してしまった。

それで寂しくなって関西大学の二部（夜間部）に一年通うことにしたんです。

江本　濵渦さんは、その当時、松下《まつした》電器産業（現・パナソニック）にも縁があったとか？

濵渦　昼間はそういう政治活動をしていたら、そのうちに松下電器産業で政治を担当されている元特高《とっこう》（特別高等）警察上がりの小川《おがわ》常務と会うことになりました。

当時、創業者の松下幸之助《こうのすけ》さんが、「日本を考える青年会議」というのをつくっていて、日本の政治についても、よく発言していたんです。

小川常務からは、「その事務局長として来てくれないか」と言われたんです。年間活動費二千万円を提示されて、悪い話では決してありませんでした。

所属も松下電器産業の社会事業室で、川辺《かわべ》さんという事業室長がいて、大阪の門真《かどま》市にある松下電器産業の本社まで会いに行きました。そこで「ぜひとも考えておいてほしい」と言われたんですね。

江本　条件もいいし、これ以上ない話ではないですか。

濵渦　ただ、もし自分が就職してしまうと、自分のことを慕ってくれている学生たちが、がっかりするかなと思ったんです。

たとえわずかな火だとしても、火を灯《とも》し続けていたら、いつの日か灯台になり、さらに大きな火になるんじゃないかと。

仲間たちのなかには、すでにみずから防共の砦《とりで》になろうと、タイやインドネシアなどの東南アジアに出向いて訓練していた者もいましたから。

そんな彼らが日本にいる私が「大企業に就職して順風満帆な人生を送っている……」という話を耳にしたら、どう思うかなと。そういうためらいもありましたね。

江本　あの時代は過激派の学生たちも日本を飛び出して海外で活動していましたが、濵渦さんたちも連合赤軍《れんごうせきぐん》などに対抗するための右派の国際学生運動を起こしていたわけですね。

濵渦　そうなんです。

彼らのことを考えると、自分だけ就職するという気持ちがやはり起きなかった。それと、やっぱり松下電器産業に行ってナショナルの電化製品のイメージアップを図る仕事には興味を持てませんでした。まだ若かったのでしょうね。

そのことを松下電器産業の担当者に率直に言ったら、「何ぃ」って怒られましたよ。

さらに、そのときの私には臆するところがなくて、「二千万円と提示されましたが、それなら僕に一億円ください」とまで言ったんです。

江本　プロ野球選手ですら一千万円もらっていない時代に、大胆ですね。

濵渦　私は淡路島《あわじしま》に大学の卒業生向けの塾をつくりたかったんです。一億円でそのための土地を買って施設をつくりたかった。

「一年のときは全寮制で、二年のときは全部外から通うかたちで、論文で卒業を認める塾をやりませんか」と提案させてもらいました。

江本　その後にできて多くの政治家を輩出している松下政経塾みたいですね。

濵渦　いま考えると似ているところはあるかもしれません。ただ、松下政経塾は大学卒業後や社会人向けですが、僕のときは大学生のための施設を考えていました。

結局、東京の松下電器産業に足を運び、秘書部長の方からも、「幸之助会長がやってくれんかと頼んでいる」と言われたのですが、「石原さんのところに、すでに籍を置いてしまったから」と言って断りました。

そういうことも、流れとしてはあったんです。

江本　もしかしたら、松下政経塾に濵渦さんがかかわっていたかもしれないですね。

濵渦　いや、本当に僕がかかわっていたら、ああいうスマートなものではなくて、もっと過激な塾になっていたはずですから、現在の松下政経塾みたいに国会議員をたくさん輩出していないと思いますよ（笑）。

私のところは武闘訓練も予定していましたからね。おしゃべり（弁論）だけがうまくなっても、連合赤軍をはじめとした過激派には勝てませんから。

江本　あくまで過激な新左翼学生と正面から対峙《たいじ》するための組織だったわけですね。

濵渦　もちろんです。

軟弱な学生だった菅直人の日和見主義

――当時の民族派の学生は、濵渦が中心となって活動していた関西と関東で毛色が異なっていたという。

江本　私が民主党の参議院議員だったころに代表だった菅直人《かんなおと》元総理とも、若いころから知り合いだったんですか。

濵渦　私たちの運動には菅も顔を出していたんです。ただ、関東圏の学生たちは、関西の学生に比べると、どこか軟弱でしたね。彼らは、「新左翼とは、正面から戦っても消耗戦になるだけだから、意味がない」と平気で放言していました。

その一方で、僕なんかは、「彼らと正面から戦って勝ち残ってこそ値打ちがある。僕たちが国家を救うのだ」というのが主張だったんです。

江本　濵渦さんらしいですね。

濵渦　戦力を温存して相手が弱まったときに天下を取りにいくという考え方が関東圏の学生たちの考え方で、関西とは全然違ったんですね。菅はそちら側。

その当時、菅を将棋でコテンパンにやっつけたことがありましたが、あとあと菅が国会議員になってから再会したときに、「将棋をやって、僕が勝ったでしょう」なんて言ってきました。人間、都合がいいもので、自分が負けたことはケロッと忘れるんですね。

江本　菅さんは当時、東京工業大学で学生運動をやっていたんですね。

濵渦　彼は石原さんがつくった「新しい世代の会」の関東学生委員会のメンバーだったんです。関東の理事は東京大学の湯川憲比古《ゆかわのりひこ》さんがやっていて、菅や湯川さんたちは、石原さんではなく、一緒に市川房枝《いちかわふさえ》さんの参院選を手伝うようになっていきます。

江本　一九七四（昭和四十九）年七月の参院選ですね。

濵渦　当時のメンバーのうち、関東では市議や区議になった人も多いけれど、関西では結局、暴力団の組長になった人なんてのもいましたよ。

江本　ちょっと名前は出せませんね。

濵渦　私が石原さんの事務所にいるときに尋ねてきたことがあって、「お前はいま、どうしてる？」と言ったら指を見せてきましたが、会うたびに指が減っていきました。

ただ、関西の民族派は真面目に戦おうとして活動していたから、そのことで信頼と評価は得ていましたね。

振り返ってみると、前には出ないで後ろのほうで「そうだ、そうだ」と合いの手を入れていた人たちのほうが県議とか市議になっているような気がしますね。

江本　濵渦さんのそういう部分のエピソードは意外と知られていないから、貴重ですね。

濵渦　新右翼の活動家の鈴木邦男《すずきくにお》がつくった「一水会《いっすいかい》」も、暴力的な団体ではなく、理論派の団体でした。

江本　鈴木さんも関東ですよね。

濵渦　彼は早稲田《わせだ》大学。当時、僕と一緒に学生運動をしていたメンバーのなかには現在、日本《にっぽん》会議の事務局長の椛島有三《かばしまゆうぞう》さんもいます。彼は長崎大学で活動していました。

あそこは佐世保《させぼ》にアメリカの原子力潜水艦のエンタープライズが入港していたから、左翼活動が活発だったんです。

当時、法政《ほうせい》大学で中核派《ちゅうかくは》（革命的共産主義者同盟全国委員会）のメンバーだった糸井重里《いといしげさと》も佐世保に来て活動していたときもありましたね。

椛島さんたちは宗教団体の「生長《せいちょう》の家《いえ》」の青年部としても活動していて、「生長の家」

の創始者の谷口雅春《たにぐちまさはる》さんの薫陶を受けていました。
　僕は関西大学で日学同（日本学生同盟）に入っていました。最初の街頭での活動が紀元節復活運動だったのを覚えています。建国記念の日をつくるための活動ですね。大阪の太融寺《たいゆうじ》でみんな合宿を組んで、知的な話もけっこうしましたよ。ただ、そこに腕力もついて回ってくるんです（笑）。
江本　トレーニングもしつつ、思想的な勉強もしていたと。
濵渦　行動右翼といわれていました。
　僕自身は自分のことを右翼だとは思っていませんでしたが、梅田あたりを歩いていたチンピラにも尊敬してもらえましたよ。「ヤバいぞ、あいつ」って。そんなに悪さはしてなかったのに（笑）。
江本　濵渦さんは関西大学以外のいろんな関西の大学の学生と活動していたんですね。
濵渦　ええ、数は少ないけれど、小池百合子都知事のお兄さんの勇《いさむ》くんがいた関西《かんせい》学院大学も社会学部が中心で、民族派の学生がいましたね。
　それから、大阪学院大学に行ってオルグ（宣伝、勧誘活動）したり、大阪経済大学、京都産業大学、同志社《どうししゃ》大学、京都大学の学生も新潮塾の塾生になってくれたりしました。

江本　新潮塾の活動資金はどうしていたんですか？

濵渦　結局、松下電器産業からはもらえませんでしたから、自分でカンパを集めてやっていました。

最初の講師は石原さん。障子二枚くらいのパネルをつくって、そこに「新潮」と石原さんに書いてもらって、あとは持ち回りでやりました。

「塾をやっています」と言うと、石原さんがまるで自分がつくったかのように、「新潮塾だろう。あれは俺の塾じゃないか」と言っていましたよ。私の塾なのに。

私が石原さんに東京に呼ばれたのも、塾生たちのような兵隊を持っているし、行動力があったから見込まれる部分もあったのでしょうね。

江本　石原さんから見たら、おもしろい若いやつがいるという感じだったのでしょう。濵渦さんは日本中の大学にネットワークをつくられたわけでしょう。

濵渦　僕の希望は、公衆電話で使う十円玉が一個あれば、日本中どこでも、すぐさま行動できるようにすることだったんです。

公衆電話で「濵渦だけど、迎えに来てくれ」と言えば、仲間に駆けつけてもらえる。そういうネットワークをつくっていきましたよ。

しかも誰か先輩が上にいたわけじゃなくて自分で始めたから、立場としては私がいちばん上だったんです。

一九九九（平成十一）年に石原さんが都知事選で当選したときも、みんな立派なオヤジになっていたから、助けてくれました。

本当に僕の仲間には議員がいないんです。地域活動として、青年団活動をしていたりとか、消防団活動をやっていたりとか、そんなやつらばかりですね。

三島由紀夫事件と私

――一九七〇（昭和四十五）年十一月二十五日、作家の三島由紀夫は、みずからが結成した民兵組織の「楯《たて》の会《かい》」の隊員四名とともに東京の自衛隊市ヶ谷《いちがや》駐屯地（現・防衛省本省）を訪れて益田兼利《ましたかねとし》東部方面総監を監禁する。

三島は監禁後、バルコニーで自衛隊員に向けてクーデターを促す演説をして割腹自殺を遂げた。

この事件は社会に大きな衝撃を与え、新右翼を生み出すなど、国内の政治運動や文学界にも大きな影響を与えたが、事件当時、二十三歳だった二人も衝撃を受けたという。

江本　三島事件は非常にショッキングでしたね。ちょうどそのとき、私は法政大学を出て社会人野球で有名な熊谷組《くまがいぐみ》に入社していたんです。

その熊谷組が東京の飯田橋《いいだばし》にあったので、事件のある市ヶ谷まではわずかひと駅。すでに社会人野球のほうはシーズンオフで、一日中会社にいないといけない時期だから、退屈でしょうがなかった（笑）。

だから事件発生の一報を聞いたときは、いても立ってもいられずに市ヶ谷まで走ったのを覚えています。いま、思い出してみても、なんだかあの日は、あのあたりの沿線が異様な空気でした。

濵渦　私は関西大学の学生時代に三島さんにも会ったことがあるんです。「関西大学で講演してほしい」という話を三島さんや石原さんに持ち込んだんですね。そうしたら、三島さんには断られてしまった。「俺は東大でしかやらんぞ」みたいなことを言われたんですよ。

その一方で、石原さんは気軽に「いいよ」と応じてくれて、学生相手に講演してくれました。そのことに恩義を感じて石原さんにくっついていくみたいなところがありましたからね。

三島事件が起きたときも「楯の会」のメンバーとは知り合いでしたから、すぐに大阪の私のところにも連絡があったんです。

市ヶ谷の私学会館（アルカディア市ヶ谷）にいた「楯の会」のメンバーから、「三島先生や古賀浩靖《こがひろやす》たちが益田総監に会いに行っている」と連絡がありました。

彼らは「立てこもっている」という言い方を私にはしませんでした。あくまで「会いに行っている」という話しぶりでしたね。それで私が「あなたがたは、どうしてそこにいるんだ？」と聞くと、「ここで指示を待っているんだ」と。

私は関西の民族派の学生たちを組織化していましたから、兵隊を少し動かせたんですね。だから、「若い衆がもし必要なら、今日、明日なら百人くらいはそちらに送り込めるぞ」と言ったんです。それで連絡を待っていたら、緊急ニュースが一気に始まって、テレビ中継もされて、三島さんがバルコニーで演説するところが流れていた。

その様子を見ながら、「これは、いまから駆けつけられるような状況ではないなあ」と思いましたね。

事件当時は石原さんも参議院議員でしたから、市ヶ谷まで行ったみたいですが、「なかには入れなかった」と言っていましたね。

三島事件については、いろんな憶測が飛び交いましたが、なかで起こったことは益田総監しかわからない。

益田総監の言葉からわかっているのは、三島さんの首が据わらないで転がっていたということ。ひと太刀で切れずに何太刀もしたから、切断面が安定しないで転がってしまった。写真もあるみたいですね。

一方で、森《もり》田《た》必勝《まさかつ》はひと太刀で切っているから、首がまっすぐになっていて、生首が立ったといわれています。

益田総監が「ちゃんと弔いをしなさい」と森田の首を立てさせたことも明らかにしていますし、検視をした情報もありますから。

三島事件については、いまも複雑な気持ちがあるというか……。

いまは自衛隊が現場を開放して見学できるようになっていますが、あのあたりに足を向けるのは少し気が重いですね。もう五十年以上前の話になるのですが……。

江本　僕も国会議員時代に現場を見学してきましたが、生々しい刀のあとがありました。

濵渦　三島さんたちは益田総監に「いい刀があるから見てくれ」と日本刀の関孫六《せきのまごろく》を持っていったんですよね。それで刀を見せて決起を迫っていく。益田総監を切ろうとしたわけではありません。益田総監に「クーデターの指示を出せ」と迫ったわけです。「憲法を改正して天皇中心の国家をつくるべき」というのが三島さんたちの訴えでしたから。

益田総監が命令を発すれば、自衛隊員はついてくるだろうという見立てだったのですが、益田総監は応じなかった。

三島さんは結局、バルコニーに立って、そこから一般の自衛隊員たちに檄《げき》を飛ばすしかなかったんでしょう。

でも、そうすると、演説する三島さんに野次が飛ぶ。そこにいる自衛隊員たちは三島さんの思想に理解を示すようなインテリタイプではないわけです。

みんな中学や高校を出て自衛隊に入っている人がほとんどですから。彼らを前にして国家を語っても難しかったと思います。

事件以来、三島さんを弔う「憂国忌《ゆうこくき》」が十一月二十五日に行われていますが、「憂国忌」をずっと主導したのは、発起人のひとりとなった名古屋《なごや》市に本社があるフタムラ化学の創業者の二村《ふたむら》冨久さんなんです。彼は坊主頭で、ズック靴に、いつも作業服の人でしたが、ずっと三島さんのことを思っていて、三島由紀夫神社もつくりました。すでに亡くなられましたが、三島さんを語るうえでは欠かせない人ですね。

江本　三島事件は私たちの世代にとっては本当に歴史的な事件でしたね。

第3章

石原慎太郎との出会い

衆院選で当選を決め、1972年12月11日、
東京・大田区の選挙事務所前で祝福する支援者と握手する石原慎太郎。
濵渦は選挙区の秘書として大きな役割を果たした
（提供：共同通信社）

「俺の論文を盗りやがって」

――一九六八（昭和四十三）年七月、大学紛争の嵐が各地で吹き荒れるなか、関西大学で民族派の学生として活動していた濵渦は、当時、参議院議員に当選したばかりの芥川賞《あくたがわしょう》作家・石原慎太郎と出会うことになる。

江本　濵渦さんが石原さんと知り合ったきっかけはなんだったんですか。

濵渦　初めて石原さんに会ったのは関西大学の学生時代です。

私は学友会の役員をやっていて、大学で学生たちに話してもらう講師になってもらおうと、奈良の薬師寺《やくしじ》の管長をされていた高田好胤《たかだこういん》先生に会いに行ったんです。

江本　ユーモアを交えた親しみやすい法話で知られる薬師寺の名物管長さんですね。

ノムさん（野村克也《のむらかつや》、プロ野球監督）が南海《なんかい》ホークス（現・福岡ソフトバンクホークス）時代には親しくさせてもらっていたみたいです。サッチー（沙知代《さちよ》夫人）とのこともいろいろ相談していたみたいですね。といっても、高田管長の話を聞かずに、ノムさんはサッチーとくっついちゃったようですが。

濵渦　高田先生は失われていた薬師寺金堂《こんどう》の復興を発願して百万巻のお写経勧進という前代未聞の方法で再建を果たされた方でした。

その高田先生が大阪の中之島《なかのしま》にある中央公会堂で講演会をするときに、「奈良まで行くより近いから、会いに行ってみよう」と講師の依頼をするために、講演後に楽屋を訪ねて行ったんです。

そのときに、もうひとりの講師として来ていたのが石原さんでした。

高田先生にお目にかかって講演の依頼をする際に、高田先生から石原さんを紹介されたんです。

江本　石原さんとは、かなり衝撃的な出会いだったんですよね。まったく円満ではないというか。

濵渦　はい。会う前に事前に石原さんの講演を聴いていたのですが、そのとき、石原さんが講演で「核拡散防止条約について日本は締結しないほうがいい」という趣旨の話をしていたんです。

その話は僕が『千里山《せんりやま》公論』という関西大学の論文集に発表した内容とほぼ同じだった

んです。千里山というのは関西大学のキャンパスがある場所で、それにちなんで名づけられた論文集なのですが、僕がそこに掲載した主張は、核拡散防止条約に日本がわざわざ応じて、みずからの首を絞めることはないというものでした。

私は、「原子力の平和利用をしていれば、いつでも核兵器をつくることはできるんだから、そんな条約に応じて手足を縛られてはいけない」と思っていました。

さらに、科学技術庁ができたのだから、国家が中心となってロケットを開発すべきだということを主張しました。この二本立てだったんです。

その論文の内容とまったく同じことを、石原さんが、その講演でしゃべっていたんです。いま考えれば、たまたま偶然だったのかもしれませんが、私も二十一歳とまだ若いですから、「俺の論文を盗《と》りやがって……」と吹っかけてしまったんです。

江本　天下の石原慎太郎にですか？

濵渦　ええ。石原さんの小説も読んだことがなかったので、それほど意識はしていませんでしたから。

さすがに存在自体は知っていましたが、「あんた、さっきの話を聞いていたけれど、僕の論文を盗んだのか？」と、ちょっと食ってかかったんです。

江本　血気さかんだったわけですね。

濵渦　そう（笑）。それからもうひとつ、「早口で聞き取りにくいところがありましたよ」と講演のダメ出しまでしたんです。

実際に石原さんの話は早口なところがあって、聞き取りにくかった。すると石原さんもカッとなって、「内容については、まともな日本人だったら、みんな考えることは同じだ」と言い返してきました。

さらに、「しゃべりの速さは短い時間で多くのことを伝えようとするから、早口になるんだ」と反論してきましたね。

江本　初対面から、いきなり口論になったわけですね。

濵渦　はい。でも、そのときに石原さんは私に興味を持ったみたいで、「君、東京に出てくることはないか。今後、集会があるから来てみろよ」と誘われたんです。

それで私は、「講師のお願いに来ているから、石原さんにも講演をお願いしたい」と話したんです。

結局、石原さんは関西大学まで来て、実際に講演をしてくれました。立ち見も出て満席。非常に好評だったのを、いまも覚えています。

江本　その後、濵渦さんは東京まで会いに行ったんですか？

濵渦　一九六八（昭和四十三）年九月十三日だったと思います。東京に出て全国市町村会館で行われていた石原さんの参院選での祝賀会のような会に出席しました。

江本　石原さんは、その二カ月前の参院選で当選されていますね。全国区で史上最高の三百一万票を獲得して初当選しています。

濵渦　その祝賀会は政治団体としての「日本の新しい世代の会」の発会式も兼ねていて、そこに学生服を着て詰め襟姿で行きました。

最初に会ったのがその二カ月前の七月で、石原さんが参院選に当選した直後の大学三年生のときですから、あのころは、まだ二十一歳ですね。

江本　東京の会では何か話をされたんですか？

濵渦　石原さんが壇上から「そこの学生、こっちに来い」と舞台に上がるように私に言うんです。

「挨拶しろ」と言われたから、そんなつもりで来ていないけれど、いちおう弁論ができたので、スピーチをしましたよ。

石原さんの本は読んでいなかったけれど、「政治活動を一緒にやろうという熱い思いが湧きました」と、とっさに話したんです。

盛り上げようと思ったわけでもリップサービスでもなく、本当に思ったんです。石原さんの政治団体があったから、「それだったら、政治活動を一緒にやろう」という熱い思いが湧いてきたんです。

それまでは石原さんのことはあまり知らなかった。石原さんには言わなかったけれど、石原さんが初当選した参院選でも、全国区では源田実《げんだみのる》さん（海軍出身で戦後は航空自衛隊の設立にかかわる。参議院議員を四期務める）を応援していたくらいなんです。

結局、そこからは石原さんが主宰した「日本の新しい世代の会」の学生部の理事になって関西学生連合会の会長をして、各大学に声をかけて、関西の支部を拡大していくことになりました。

江本　いわゆるオルグをやって石原シンパを増やしていったわけですね。

濵渦　宗教の活動家が折伏《しゃくぶく》するように、各大学の民族派のリーダーたちに声をかけていきました。

僕は関西大学の一年生のころから日学同という民族派学生の活動団体に入っていたので、いろんな学生に知己はいました。二年生のときには長崎大学をはじめとして全国の学生と交流する機会もありましたから。

なかには統一教会系の原理研究会とかもいましたし、創価学会《そうかがっかい》の支部総会に飛び込んで話をしたこともありましたね。

私の学生のときは建国記念の日をつくろうという紀元節復活、日本の誕生日をつくろうという活動をやっていて、大阪の太融寺に京都の学生を集めて合宿もしました。立命館《りつめいかん》大学や同志社大学、京都大学の学生が来て、彼らは「日本の新しい世代の会」にも入ってくれましたね。

関西学院大学にも小池百合子都知事の兄の勇くんがいて、支部長を務めていました。

江本　石原さんは、すぐに濵渦さんを気に入ったんですね。

濵渦　なんていうか、自分に似ている生意気な匂いを感じたのでしょう（笑）。

石原さんが関心を示す人は決まっています。小説のネタになるような人か、匂いのいい人しか評価しない。実際にリンチされた仲間の話をしたら、それも小説の題材にしていましたから。

真面目とか不真面目は、その尺度とは関係がないんです。「こいつが自分の役に立つかうつきあおう」なんて気持ちは、さらさらありません。人を育てるようなこともしないから、「自分で俺のところまで勝ち上がってこい」と平気で思っているわけです。

江本　「相手を利用してやろう」という気持ちもないんですよね。

濵渦　根本的に、あまり人間を信頼していないんです。

お父さんが早くに亡くなってからは、石原さんは家長として家族を守る立場にありました。これは想像ですが、そのなかで信頼する人に裏切られたことがあったのかもしれませんね。

「俺はひとりで一軒間口の石原商店をつくりあげてきたんだ」っていう感覚が強かった。誰も頼りにせずに、ひとりでやってきたという意識が強くて、役人嫌いで、群れるのが苦手。

議会政治家は徒党を組むのが当たり前なんですが、そういう常識にはとらわれないというか、とにかく拘束されない、わがままな一匹狼《いっぴきおおかみ》でしたね。

細川護煕の参謀から石原慎太郎の参謀へ

――関西で民族派の若手として活躍していた濵渦だが、石原の再三の要請に応じ、上京して秘書として働くことになる。

石原の衆議院議員への転身を成功させるなどして信用を得た濵渦は、第二秘書を経て、二十代半ばで第一秘書となり、石原事務所を切り盛りする存在へとなっていく。

江本　濵渦さんは大阪から東京に出られて衆議院議員に鞍替《くらが》えする石原さんの選挙区の秘書になるわけですね。

濵渦　細川護熙《ほそかわもりひろ》（のちに総理大臣）が一九七一（昭和四十六）年七月の参院選に全国区で立候補したときですね。

参議院は三年おきに選挙だから、裏表でそれぞれの候補者が一体となって動くわけです。だから一九六八（昭和四十三）年の参院選の石原さんと、一九七一（昭和四十六）年の細川さんが裏表だったんです。

それで僕は石原さんの推薦で大阪の細川護熙事務所でスタッフとして手伝っていました。

江本　石原さんみたいな有名人ならいいですが、当時の全国区は「残酷区」といわれた超過酷な選挙戦ですよね。

濵渦　はい。それで石原さんが細川の応援に来て、大阪から次の遊説場所の京都まで同行したんです。

宣伝カーの後続車に乗って話をしているときに、「今度、衆議院に鞍替えするから東京に来て手伝ってくれよ」と言われました。

「東京には私のほかに、いくらでも学生がいるでしょうが」と言ったんですが、そこは「来てくれ、来てくれ」の一点張り。

最終的には、こちらが根負けして、東京に行くことを決めて、学生用の下宿に転がり込みました。

そのあとは、当時は石原さんは、まだ現職の参議院議員でしたから、石原さんが借りている麴町《こうじまち》の参議院の議員宿舎に入りました。隣が直前の参院選で当選した細川の部屋だったのを覚えています。

そこから国会に通って石原さんが出馬する予定の旧東京二区を構成する大田《おおた》区や品川《しながわ》区、伊豆七島《いずしちとう》を回りました。

いろんなことをやりましたが、最初の選挙では遊説隊長でしたね。

江本　石原さんは一九七二（昭和四十七）年十二月の衆院選に旧東京二区から無所属で出馬して衆議院への鞍替えに成功しましたね。

一一万八六七一票も獲得して、ぶっち切りのトップ当選ですね。

濵渦　当選したときは、わざわざ東京まで出て来たかいがあったなと、ホッとしましたよ。終わってからは国会の秘書を担当するようになり、公設第二秘書になって、その後、公設第一秘書が辞めたから、二十四歳か二十五歳で第一秘書になりましたね。

江本　それだけ信頼が厚かったんですね。

中選挙区時代、石原さんは、ほとんどの選挙でトップ当選だったんですね。

濵渦　東京二区から八回出馬しましたが、そのうち七回トップ当選でした。定数五のところに民社党の大内啓伍《おおうちけいご》（元厚生大臣）や社会党の上田哲《うえだてつ》、自民党ではハト派の宇都宮徳馬《うつのみやとくま》なんかも出馬していたので、毎回、落選者が代わる激戦区でしたが、石原さんは危なげなかったですね。

江本　あの気丈な石原さんでも、普段は戸別訪問なんかをするんですか。

濵渦　しましたよ。というか回らせました。選挙中は各地に応援遊説に行っていて、自分の選挙区にはいないけれど、その前はびっちりやりました。じゃないと票は出ませんから。

幻となった「田中角栄暗殺計画」

――一九七二（昭和四十七）年七月、ライバルの福田赳夫《ふくだたけお》との争いを制して田中角栄《たなかかくえい》が自民党総裁に就任。田中内閣が発足する。

政権発足当初は「今太閤《いまたいこう》」と呼ばれる田中の独特なキャラクターと、初の大正生まれの総理大臣ということもあって、七〇％前後の高い支持を集める。

田中は政権発足直後に中国を訪問して毛沢東《もうたくとう》国家主席と会談。日中国交正常化を実現する一方で、台湾との関係を断っていく。

濵渦が秘書として仕える石原は、田中の政治姿勢や金権体質を厳しく批判し、田中批判の急先鋒《きゅうせんぽう》となっていく。

江本　石原さんだけでなく、濵渦さん自身も田中角栄を敵視していたんですよね。

濵渦　田中内閣が始まったころには、すでに石原さんの秘書になっていましたが、私は学生時代から民族派の活動家でしたから、親中姿勢の田中政治には一貫して批判的でした。

もしかしたら、その姿勢は石原さん以上だったかもしれません。

いちばん激しく怒りに震えたのが、やはり一九七二（昭和四十七）年九月の日中国交正常化ですね。

その直前に昭和天皇の親書を持って中国の周恩来《しゅうおんらい》首相のところに大平正芳《おおひらまさよし》外務大臣（のちに総理大臣）が謝罪に行ったんです。

私は民族派の学生たちを組織していましたが、「なぜ、天皇陛下の詫《わ》び状《じょう》を持っていかせる必要があるのか」と頭に来て、仲間たちと「奸賊《かんぞく》・田中角栄をやっつけよう」と話し合ったものです。

江本　実際に試みたこともあるんですか？

濵渦　ないとはいえません。

いまもそうですが、年に一回行われる自民党大会、あの会場が当時は日本《にっぽん》武道館でした。そこには国会議員の秘書バッジをつけていれば、なんの警戒もされずに入れたんです。だから、「やろうと思えばいつでもやれるな」と思っていました。

爆弾一個で全部やれるし、爆弾でなくても、拳銃でドンと撃ったら、死ななくても震え上がらせることはできるだろうと思っていましたから。

実際に「そういうものがないか」と相談していたら、大阪で改造銃を用意して持ってきた者がいましたよ。結局、実行することはありませんでしたが。

江本　そんな話があったんですね。

濵渦　台湾との断交を決めた田中内閣に対して批判的な右翼団体は、とても多かったですからね。

「天才」田中角栄 vs. 石原慎太郎

――二〇一六（平成二十八）年に田中角栄を主人公とした『天才』（幻冬舎《げんとうしゃ》）を執筆し、ベストセラーとなった石原だが、政治家としての行動原理はアンチ田中角栄で一貫していた。

江本　田中角栄さんと対立していた石原さんですが、その田中さんを描いた小説『天才』が大ヒットしましたね。

濵渦　じつは私は『天才』をまだ読んでいません。

でも、『天才』を執筆している際に、「あのときは、どうだったっけ？」なんて問い合わせは、石原さんからたくさんありましたよ。

私は、『天才』にかぎらず、石原さんの小説やエッセイなんかは、あまり読んでいないんです。本は、どうしてもつくりごとの部分が多い。いざ話をすればわかることが、たくさんありますから。

私自身が田中角栄さんと直接やりとりしたことはまったくありませんが、『天才』のときは、私の記憶を頼りにしようと思ってくれたのでしょうね。

石原さんはすごくメモ魔なんです。人の話を聞いたら、ご飯を食べているときでも、サッとメモを取って、ザーッて書いていく。

自宅の二階の書斎にそのメモを取っておいて、夜中に全部整理していました。

大酒飲みのくせに朝が早いのは、そのメモをもとにして、忘れないうちに朝から書いていたからなんです。

ただ、そこからもうひと寝入りするから、都庁に出てくるのは、どうしても昼過ぎになってしまう（笑）。それで都知事のときは叩《たた》かれたりもしましたね。

江本　濵渦さんが石原さんの秘書になった一九七〇年代（昭和四十五〜五十四年）から一九八〇年代（昭和五十五〜六十四年・平成元年）は、田中角栄が総理大臣になり、総理を辞めたあとも巨大な派閥の力を背景にキングメーカーとして政界を牛耳るなど、全盛期でしたね。

濵渦　あの時代は、「田中派でなければ政治家にあらず」というほどでした。石原さんは、そういう状況に危機感を持っていましたね。

とくに印象に残っているのは、一九七三（昭和四十八）年七月の青嵐会《せいらんかい》の結成です。

江本　石原さんや中川一郎《なかがわいちろう》さん（中川昭一《しょういち》の父親、農林水産大臣などを歴任）が中心になって結成されたグループですね。

「国会の暴れん坊」として有名なハマコーこと浜田幸一《はまだこういち》さんもいました。濵渦さんは青嵐会の事務局も担当されたんですよね。

青嵐会が結成されるきっかけは、どういう経緯だったんですか。

濵渦　石原さんが青嵐会の幹事長を務めていましたから、その関係で、私が事務局を担当することになりました。

青嵐会ができたきっかけは、一九七三（昭和四十八）年六月十七日に行われた大阪府の参院選の補欠選挙です。

森下仁丹《もりしたじんたん》の社長を務めた森下泰《たい》さん（参議院議員を三期務める）が立候補したときに、

石原さんをはじめ、若手議員たちが大阪まで応援に行ったんです。

大阪が選挙区の中山正暉《なかやままさあき》さん（衆議院議員、建設大臣や総務庁長官などを歴任）のところに石原さん、渡辺美智雄《わたなべみちお》さん（大蔵大臣などを歴任）、中川さん（農林水産大臣などを歴任）、中尾栄一《なかおえいいち》さん（建設大臣などを歴任）、ハマコーさんらが駆けつけた。そのグループの親分格は湊徹郎《みなとてつろう》さんでしたね。結局、青嵐会に入りませんでしたが、瓦力《かわらつとむ》さん（のちに防衛庁長官）も来ていました。

この参議院補選は共産党の候補者の沓脱《くつぬぎ》タケ子《こ》さんと森下さんの一騎打ちになり、結局、七〇万二三〇票と六八万六三〇七票の僅差で森下さんが負けてしまうんです。

選挙中から苦戦している話は出ていて、街頭演説でみんなで話をしているときに、「このままだと自民党はダメだ。なかでも総理、総裁の田中角栄の金権体質がいちばん問題だ」という話になったんです。

その補選が六月に終わり、そのあと帰ってきてから、若手議員で集まって政治集団をつくろうという話になって、石原さんに名づけてほしいということで、夏の嵐から「青嵐会」と名づけました。

江本　どんなことに取り組んだのですか。

濵渦　そのころ、テーマになっていたのは日中航空協定。

田中内閣では、その前年の一九七二（昭和四十七）年九月に日中国交正常化が行われましたが、大平外務大臣が主導して定期航路を北京《ペキン》と東京とのあいだで結ぼうという話になりました。

それが、いわゆる片務条約で偏っていると問題になったわけです。

日本から北京に航空機が行く場合に北京を経由して、さらにその先に行くことを以遠権というのですが、日本側にはその以遠権がなくて、そこからたとえばヨーロッパなどに向けて飛べないんです。

でも、中国の北京発の航空機は日本を経由してニューヨークでもどこでも行ける。「これは日本側に著しく不利な片務条約になるんじゃないか」と青嵐会が反対したんですね。

そのときに、のちに運輸政務次官としてロッキード事件で問題になる加藤六月《かとうむつき》（加藤勝信《かつのぶ》の岳父、農林水産大臣などを歴任）などが、じつに理路整然と、片務条約を糾弾していました。

その流れで田中角栄総理をも糾弾していったわけです。

ところが、当時、事務局長のハマコーさんは派閥を抜けずにいたんです。

ほかの青嵐会のメンバーは派閥を脱退しているか、もともと無派閥だったのですが、ハマコーさんは、「俺は派閥を抜ける気がない」と公言していました。

それでハマコーさんと幹事長の石原さんが大ゲンカになったことがありました。

江本　二人とも血気さかんですからね。

濵渦　結局、中川さんがあいだに入って収めました。「そのうち派閥を出るから、石原さん、もうちょっと待ってやってくれ。ハマコーさんのことだから、どうせクビになるんだから」と仲裁したわけです。

江本　青嵐会は結成時に血判状を回したんですよね。

声をかけていたなかには参議院議員の一期目だった細川護熙さんもいました。

あとから聞いた話ですが、血判を迫ったら、「血を見るのがいやだから、勘弁してほしい」と血判しなかったらしいですね。

議員さんたちは、「やっぱりあの人はお公家《くげ》さまだよな」と言っていたようです。

それから山崎拓《やまさきたく》さん（のちに幹事長）も「血判はちょっと……」と言って結局、青嵐会を退会しました。最初は「やります」と言っていましたが、何かあったのでしょう。

石原さんが月刊誌『文藝春秋《ぶんげいしゅんじゅう》』に寄稿した痛烈な田中角栄批判の「君　国売り給《たも》うこ

となかれ」も話題になりましたね。

濵渦　あの論文は一九七四（昭和四十九）年十一月号の田中角栄特集のなかで、立花隆《たちばなたかし》の「田中角栄研究　その金脈と人脈」や、児玉隆也《こだまたかや》の「淋《さび》しき越山会《えつざんかい》の女王」と一緒に掲載されました。それで田中金脈騒動になってバッシングが始まって、直後の十二月に退陣します。

江本　それでは石原さんは田中政権の息の根を止めたひとりでもあるわけですね。

濵渦　結果的には、そうかもしれません。

石原さんは、そのあとも田中角栄や田中派出身の議員たちから、ずっとにらまれていましたが、彼らには逆恨みみたいな気持ちがあったのでしょう。

衆院選での支持者名簿争奪戦

――田中内閣の退陣後にはクリーンを謳《うた》い、政治改革を掲げた三木武夫《みきたけお》内閣が成立する。その翌年の一九七五（昭和五十）年四月、石原は衆議院議員を辞職して東京都知事選に挑戦する。

現職で三期目を目指す美濃部《みのべ》亮吉《りょうきち》と対決して二三三万六三五九票を獲得するが、二六八万八五六六票を獲得した美濃部の前に敗れた。

江本　最初の都知事選は、濵渦さんにとってはどのような印象ですか。

濵渦　候補者として、いろんな方にあたったようですが、「(当時の)三木総理のもとでは戦えない」とみんなに断られて、最終的に石原さんが立候補することになったんです。本人も、そんなにやる気があるような感じはありませんでしたね。

じつは最初の都知事選のときは、僕はほとんど動いていないんです。

江本　何かあったんですか?

濵渦　なぜ、動けなかったかといえば、いわゆる「凶状持ち《きょうじょうも》」だったんです。

石原さんが当時、出馬していた衆議院の東京二区に山本峯章《やまもとみねあき》という候補者がいたんですね。山本の親分は右翼団体「昭和維新連盟」の会長の西山広喜《にしやまこうき》だったのですが、山本がお金で石原事務所の秘書を引っ張って事務局長に据えたんです。こちらの兵力を割くためにやったのでしょう。しかも「支持者の名簿を持ってこい」と言われて、そいつが持っていったわけです。

江本　支持者の名簿なんて、政治家にとっては命より大事なものですね。

濵渦　そうなんです。裏切り行為でしょう。こんなのは許せるわけがない。

私は石原さんに、「お前、ちょっととっちめてこい」と言われてホテルニューオータニにその引き抜かれた秘書を呼び出したんです。そこから地下の駐車場に連れていって、途中のエレベーターのなかでボコボコにしたんです。少しやりすぎてしまったみたいで、相手は肋骨《ろっこつ》を折ったようでした。

江本　さすが濵渦さん。武闘派ですね（笑）。

濵渦　下宿に帰ったら、さっそく警官から「ちょっと来るように」と出頭するように言われましたよ。

まず、赤坂《あかさか》警察署で調書を取られることになったんです。「反省しております」とか、「二度といたしません」とか、「暴力はいたしません」とか勝手に文言をつくるわけです。

こっちも「それは違う」と一つひとつ抗弁して、「俺は正義をまっとうするために法に代わって成敗をしたんだ。天誅《てんちゅう》を加えたんだ」と書いてくれと言ったりして、抵抗していました。

そのあとで東京地検の検事さんが調書を見て笑いながら、「立派だなあ」とほめてくれましたよ。

江本　筋を通しての行動ってことがわかったんですね。

濵渦　取り調べの帰りに駅の売店をのぞくと『内外《ないがい》タイムス』（かつて存在した夕刊紙）の一面に「石原慎太郎の秘書が暴力」などと大きく書かれていました。

事件化はされませんでしたが、そのあと、昭和維新連盟の西山が頭に来たみたいで、さらにもめたんです。

結局、私のサイドには右翼の理論家である中村武彦《なかむらたけひこ》さんがついてくれて、中村さんがあいだに入るかたちで、大手町《おおてまち》の国際ビルにある右翼の清水行之助《しみずこうのすけ》さんの事務所に行って話し合いをすることになりました。

清水さんと中村さんが座っていて、後ろの壁に中華民国《ちゅうかみんこく》の何応欽《かおうきん》将軍の掛け軸などがかけてありましたね。

それで、「この青年は濵渦くんといって、なかなか度胸もあるし、勇気のある青年だから覚えておいてくれ」と紹介されて、そこにいる人に挨拶しました。

愛国党総裁の赤尾敏《あかおびん》さんと、稲川《いながわ》会の稲川聖城《せいじょう》会長でした。

中村さんが、「大きな抗争の場になってもいけないから」ということで、手打ちの式を設けてくれた感じですね。

結局、調書を取られただけで、前科も何もつかなかったのですが、表立って選挙をやることはできなくなってしまいました。

暴力事件で大暴れした秘書が石原陣営で采配を振っているぞと美濃部陣営に宣伝されてしまいますからね。

結局、最初の都知事選は、「新しい東京をつくる都民の会」という「確認団体」を中心にして戦うことになって、作曲家の黛敏郎《まゆずみとしろう》さんや文芸評論家の小林秀雄《こばやしひでお》さんなど錚々たるメンバーが応援してくれましたね。そのときに若手で手足になってくれたのが、学生だった中川昭一さんや石原伸晃《のぶてる》さんですね。

これは後日談ですが、落選したあとに田中角栄に石原さんが呼ばれて会ったら、「三木武夫ではなく俺が総理、総裁だったら、石原くん、君は勝てたよ。残念だったね」と言われたそうです。

江本　田中角栄さんらしいですね。

濵渦　石原さんだけでなくて、僕にとっても、この都知事選での敗戦は悔しかった。負けたから悔しいというよりは、「凶状持ち」になり、表立って選挙ができなかったことが何より悔しかったんです。

江本　その悔しい気持ちが二十四年後に花開くわけですね。

濵渦武生流の選挙必勝術

――青嵐会などで石原と行動をともにしていたタカ派の政治家・中川一郎は一九八二（昭和五十七）年十月の自民党総裁選の予備選に出馬する。

だが、中川は中曽根康弘《なかそねやすひろ》、河本敏夫《こうもととしお》、安倍晋太郎《あべしんたろう》と争ったこの総裁選で四位に終わり、年が明けた一九八三（昭和五十八）年一月九日に失意のなかで死去してしまう。

石原は中川亡きあと、中川グループ（自由革新同友会）を率いることになり、濵渦は、そんな石原を秘書として、さらに支えていく。

濵渦　第一秘書になって、それから数年がたち、石原さんの盟友だった中川さんが亡くなられたんです。

そのときに石原さんも所属していた中川グループで新人候補者として応援しようとして

いたのが鴻池祥肇《こうのいけよしただ》さんでした。

私が石原さんの衆院選でとくに印象に残っているのは、中川さんが亡くなられたあとの一九八三（昭和五十八）年末に行われた衆院選なんです。

石原さんは中川グループの一員でいちばんの盟友でしたから、この衆院選は中川グループの議員や候補者たちを応援に回らなければいけませんでした。だから候補者不在の地元の選挙戦を僕が取り仕切ることになったんです。

最終日だけ石原さんが来たわけですが、その選挙も九万六三八六票を獲得してトップ当選。面目躍如はできましたね。

江本　濵渦さんなりの、選挙の必勝法というか、勝つための秘訣《ひけつ》みたいなものはあるんですか。

濵渦　やっぱり選挙区の有権者の方と普段からマメにおつきあいをしておいて、グループの核となってくれるような人をたくさん見つけることですね。

そして、その輪をなるべく外へ外へと広げていく。僕はなるべく前回頼んだ人に次回は頼まずに新しい人に入ってもらうようにしていました。そのほうが新たな石原ファンも増えて人間関係の新陳代謝も起きる。やっぱり一度、目いっぱい選挙をやってくれると、それ以上は票が伸びないものなんです。

それだったら新しい人を選挙運動の中心に持ってくることができれば、その人が核となって新しい人間の広がりができます。

このやり方は、なかなか理解してもらえなかったのですが、組織って、つねに入れ替わっていないとダメになってしまうんですよね。

ただ、古い支持者からはもちろん不満も出る。なかには私の同僚の秘書をつかまえて、「相手陣営のところに行くけど、いいのか」なんて言ってくる人もいる。

でも、よほどのことがないかぎり、普通は反対派のところに、わざわざ行きません。

そういうやり方を貫いていたから、私が責任者になってからは、一部の支持者からは評判が悪いところもありました。

「あいつは新しい支持者のところばかりに行って古株を大事にしない」と思った人もいるはずですから。

江本　しかし、毎回激しい選挙戦を戦ううえでは欠かせない戦術な気がしますね。

野球だって新戦力が出てこないチームは優勝できませんから。前年にはいなかった選手が活躍するチームほど躍進しますからね。

「鴻池祥肇を当選させてこい」

——石原と同じように、濵渦が秘書として仕えた政治家はもうひとりいる。小泉純一郎《こいずみじゅんいちろう》内閣で防災担当大臣を務め、麻生太郎内閣で官房副長官を務めた鴻池祥肇だ。人情味のある政治家として与野党に広くファンがいた鴻池は、石原の盟友のひとりであり、濵渦とのつきあいも深かった。

江本　濵渦さんが石原さんとともに尽くしたひとりが鴻池祥肇さんなんですね。

濵渦　中川さんが亡くなる少し前に沖縄で中川グループの結成大会があって、合宿をしたんです。そのときに参加して中川さんの話を聞いて、感動して国会議員を目指したのが鴻池さん。

鴻池さんを中川グループで応援しようとしましたが、中川さんが亡くなったこともあって結局、同じ兵庫県の誼《よしみ》で河本敏夫さん（通産大臣などを歴任）率いる河本派（現在は麻生派に合流）の候補者として衆院選に出馬することになりました。

それが石原さん不在で戦うことになった一九八三（昭和五十八）年十二月の衆院選なんです。

鴻池さんには学生のときからお世話になっていましたから、本人からも「選挙をやってくれないか」と頼まれたのですが、「申し訳ないですが、今回は石原不在の衆院選を仕切るので、できません」と断って、「鴻池さんが当選しようがしまいが、次回は必ず行きますから、今回は勘弁してください」ということになりました。

江本　その選挙では鴻池さんは残念な結果だったんですね。

濵渦　ええ。くしくも小池百合子の父親の小池勇二郎《ゆうじろう》と同じ旧兵庫二区から出馬しましたが、無所属だったこともあって、五万九四一三票で、七位に沈んでしまいました。

私にも手伝えなかったことに後悔があったから、衆院選後に石原さんに「石原事務所を辞めて尼崎の鴻池さんのところで選挙をやります」と申し出たんです。

そうしたら、石原さんは、「おい、お前、鴻池を絶対に国会に引っ張り上げてこい」と言って送り出してくれました。

江本　じゃあ、今度は再び関西に？

濵渦　ええ、旧兵庫二区には淡路島もあれば、尼崎市、西宮《にしのみや》市、三田《さんだ》市とかなり広いんです。名刺を一軒一軒回って配り、鴻池陣営の核となってくれる人を探して歩きました。靴底をすり減らしましたよ。

江本　それで三年後の一九八六（昭和六十一）年六月二日の衆院選で鴻池さんは初当選を飾ったんですね。

濵渦　今度は前回の倍近く増えて一一万一〇一三票。応援をしたかいがありました。鴻池さんが当選したら石原さんも喜んでくれて、よく冗談めかして、「濵渦先生、鴻池秘書は元気かね」なんて言っていましたよ。

江本　その鴻池さんが、それから七年後の一九九三（平成五）年の衆院選に落選して参議院に鞍替えすることになったから、私と濵渦さんが会うことになるんですから、不思議なものですね。

鴻池さんとのつきあいも古いんですね。

濵渦　ええ、関西大学の学生のころからのつきあいです。

鴻池さんは青年会議所の会頭になる前に青年会議所の尼崎支部長をやっていて、石原さんの「日本の新しい世代の会」の兵庫県の理事もやっていました。僕は学生の理事でしたから、それ以来のつきあいですね。

鴻池さんは二〇一八（平成三十）年十二月二十五日に亡くなられましたが、すばらしい方でした。

江本　私も参議院議員時代に議員会館の部屋で隣同士でしたから、本当にお世話になりました。

濵渦　その当時は東京で三カ月に一回くらい「日本の新しい世代の会」の理事会があるんですが、そこに出てくるたびに、よく一緒に話をしました。私がやっていた民族派の学生運動へも、だいぶ支援してくれました。

ヘルメットを千五百個も寄贈してもらったこともありました。新左翼の学生たちは白ヘルや赤ヘル、青ヘルを持っていて、それで襲撃から身を守っている。でも、こちらは持っていないから、鉄パイプで頭をやられたりして、部隊がすぐにめちゃくちゃになる。

だから鴻池さんから「何が欲しい？」と聞かれたときには「ヘルメット」と即答していました。

最初は「これを持っていけ」と言われて日本刀を渡されたりしたこともありましたが、こちらも日本刀ならあるから、「いや、持っています」と。「チャカ（拳銃）が欲しい」とか言うと、「急にはないわい」って。

それでヘルメットをもらって部隊のメンバーに配って身を守らせました。

そのヘルメットのうちの一個が石原さんの議員会館の事務所にありました。石原さんが「欲しい」と言うから持っていかせたんです。

そんな関係で、鴻池さんとは学生のころからつきあいがありましたね。

じつは私が立案した石原慎太郎の政策

江本　濵渦さんは、秘書時代には石原さんの名代として、政策立案などもされていたんですよね。

濵渦　石原さんは、ここだけの話ですが、国会活動はほとんどしていませんでした。座っていて、たまに質問をするくらい。党の勉強会にもほとんど出たことがないし、役所関係の陳情にも全部私が対処していました。

法案作成も担当していましたね。

一九七四（昭和四十九）年の船舶職員法の改正が、私にとっての最初の仕事でした。石原さんが衆議院議員になった一期目のときだから、まだ秘書になって数年のころですね。

江本　その法案を作成するきっかけは、なんだったのですか。

濵渦　きっかけは、やはり石原さん。ヨットでオリンピックに出られなくて困ったから、「ちょっと一緒に来てくれ」と言われて日本《にっぽん》船舶振興会（現・日本《にっぽん》財団）の笹川良一《ささかわりょういち》会長に会いに行ったんです。

ヒゲがトレードマークの笹川会長が、やさしい声で、「この法律の関係で困っているから、なんとかならないかね」と言われたわけです。

笹川さんは日本外洋帆走協会の会長もやっていましたから。

当時は無免許のモーターボート事故が多発し、遠洋や外洋に行く小型船の馬力や免許制を定める法案が検討されていたのですが、エンジンを持たないヨットなどの場合には外洋に出られず、世界大会にも参加できない。

それで、すでに法案は衆議院を通過していたから、参議院で付帯条項をつけてもらおうと一計を案じました。法案をつくる参議院委員部の官僚の諸岡《もろおか》さんと交渉して、「小型帆船は例外」という条項をつけることに成功したんです。

江本　衆議院と参議院の事務局の政策専門の職員は、いわば政策のスペシャリストですから、国会議員にしてみると、本当に役に立つんですよね。

濵渦　委員部は衆議院や参議院の事務局の職員たち。委員部のメンバーは、法律のことをずっと知っている専門職で、役人は交代していくけれど、彼らはずっとその仕事を続けていく。

かつて委員部のトップだったのが小沢一郎《おざわいちろう》さんの知恵袋として有名な平野貞夫《ひらのさだお》さん（当時、参議院議員）。彼がそこのドンで、小沢さんの政策は平野さんがほとんど手がけていました。

江本　平野さんは竹下登《たけしたのぼる》元総理の政策も担当していました。

濵渦　質問もつくるし、答えまでつくってくれる。

江本　国会の秘書は、その両方をやらないといけないから、けっこう大変なんですよね。

衆議院と参議院では衛視の服も違って、雰囲気が違うんですよね。

濵渦　議院内の通行可能区域は、その職務によって細かく規定されていますが、衆議院より参議院のほうが優遇されていた印象があります。これは、かつて参議院のほうが貴族院だった時代の名残でしょう。

国会の開会式も衆議院ではなく、参議院で行われます。天皇陛下をお迎えして、衆議院議員たちが参議院の本会議場にみんな集まる。

江本　衆議院には玉座はないんですよね。国会議員に聞けばわかるけれど。これも貴族院からの流れなんでしょうね。

濵渦　衆参ダブル選挙が行われた場合は、改選にならない参議院議員の半数だけが国会に存在することになります。

そういう意味では、参議院と衆議院には権威の違いがある。首班指名の優先権があるのも衆議院だし、予算は参議院で否決されても衆議院の三分の二で再可決すれば成立する。優先する事柄は衆議院にあるけれど、権威は参議院にありますね。

第4章

自民党総裁選と東京都知事選

1989年8月5日、総裁選立候補者として報道陣の撮影に応じる石原慎太郎、
海部俊樹、林義郎の3氏。所属する派閥の決定に反発して立候補した理由とは
（提供：共同通信社）

血気さかんな若手が支えた自民党総裁選

――田中派を引き継いだ竹下派が幅をきかせる派閥政治全盛期。国民的人気はあっても中川グループから福田派へという政治経歴を持ち、田中角栄と対立した過去を持つ石原に総理大臣を狙うチャンスは、ほぼなかった。だが、竹下政権の退陣後に登板した宇野宗佑《うのそうすけ》政権がわずか三カ月で倒れたのちの一九八九（平成元）年八月、石原は自民党総裁選に出馬する機会を得ることになる。

江本　このときの総裁選で、石原さんにはやる気があったんですか。

濵渦　総裁選に出たときも、本人にはそんなにやる気がありませんでした。いまでは亀井静香さんが「俺が石原を立候補させたんだ」と言っていますが、実際は中川グループのころからの同志で、長谷川峻《はせがわたけし》さん（法務大臣や運輸大臣などを歴任）が、「誰か候補者を立てないとバラバラになるから、知名度のある石原を立てよう」と言い出したんです。

江本　当時も自民党総裁選は、いまと同じで、推薦人は二十人が必要でした。大きな派閥の領袖でない場合は、出馬するハードルがかなり高かったようですね。

濵渦　当時の安倍派は、領袖の安倍晋太郎さんがリクルート事件にかかわっていたから、総裁選には出られませんでしたし、竹下派と同じで海部俊樹《かいふとしき》の支持を決めていましたから。

派閥の決定に反対するはねっ返りの亀井さんたちに担がれて出馬したわけですからね。その推薦人二十人を亀井さんとか平沼赳夫《ひらぬまたけお》、園田博之《そのだひろゆき》とか、血気さかんな若手が集めたわけです。

江本　石原さん自体が、すごく総理大臣になりたいという気持ちを持っていたわけでもないんですか？

僕は「一度は総理大臣になってほしいな」と思っていましたが。

濵渦　あの時代は田中派の系譜を引き継いだ竹下派が圧倒的に強かったから、そもそもアンチ田中角栄を貫き続けた石原さんは、「総理大臣になれる可能性がある」と思ってはいなかったかもしれません。

この総裁選でも、出馬にこぎつけたのはいいけれど、勝った海部（二百七十九票）はもちろん、林義郎《はやしよしろう》（百二十票、林芳正《よしまさ》の父、大蔵大臣、厚生大臣などを歴任）からも引き離された四十八票です。

ただ、この時代は立候補の届け出が終われば派閥の力で勝敗が決まりましたが、それでも派閥の意向と異なる行動をする議員はいました。

鴻池さんは、当時は河本派ですから、本来は同じ派閥の海部さんの名前を書かなければいけないわけです。でも、長年の盟友である石原さんの名前を書きました。すぐ隣で見ていた高村正彦《こうむらまさひこ》さん（のちに副総裁や外務大臣などを歴任）から、冗談めかして、「鴻池さん、あなた一文字多かったですね」と言われたそうです。

江本　四文字の海部俊樹と書くところを、五文字の石原慎太郎と書いていたということですね。

濵渦　はい。でも、鴻池さんも高村さんに言い返したそうです。「あなたは一文字少なかったね」と。高村さんも同じ河本派ですから、四文字の海部俊樹と書かなきゃいけませんですが、同じ山口県選出の林義郎さんの名前を書いていたのでしょう。

鴻池さんは石原さんの推薦人をやっていましたから。参議院議員で郵政省出身の岡野《おかの》裕《ゆたか》さんも、「海部と書くように指示されているけれど、鴻池さんが一所懸命だから、石原さんと書きますよ」と言ってくれましたよ。

江本　造反をする気概のある議員もいたわけですね。石原さんが総裁選に出たときも、お金はかかったんですか。

濵渦　総裁選でお金が動くという話は有名ですが、それは勝つ可能性がある場合です。この時代の総裁選は竹下派が決めれば勝負は決まってしまうから、別に石原さんはお金を使うことはありませんでした。

昔は二つの派閥からもらう「ニッカ」、三つの派閥からもらう「サントリー」、全派閥からもらう「オールドパー」なんて言葉が流行《はや》っていましたが、そもそも、石原さんはそういう金権政治と戦っていましたからね。

政策秘書試験合格と日華議員懇談会

――濵渦の尽力もあり、衆院選に無事に当選した鴻池だが、三期目を目指した一九九三（平成五）年の衆院選で落選してしまう。

濵渦　鴻池さんは二期連続で衆院選に当選しますが、三期目を目指した一九九三（平成五）年の衆院選で、同じ選挙区から小池百合子が出馬したこともあって落選してしまったんです。

だから、そのあとは石原さんの政策秘書に就任して、議員辞職までの二年ほど石原事務所でまた働いていました。

そのころ、ちょうど政策秘書試験の制度が導入されて合格したんです。制度が変わり、公設第一秘書と第二秘書とで別の公的な資格試験ができたんです。そのあとは石原さんの政策秘書に就任して給料をもらいながら、鴻池さんの国政復帰のための選挙を担当していました。

不思議な話で、結果的に江本さんと私が参議院議員会館で会うのは、鴻池さんが参議院に転じたからなんですよね。

江本　はい。当選してきた鴻池さんが参議院議員会館の私の隣の部屋に来たんです。そういう意味では鴻池さんが会わせてくれたのかもしれませんね。

濵渦　鴻池さんと同じ兵庫県を地盤としていた河本敏夫さんは三木武夫から派閥を引き継いで河本派を率いていましたが、その河本先生の応援で当選した石井一《いしいいちじ》二参議院議員が河本さんを裏切って離党してしまったんですよね。

それで、その石井を成敗するために対抗馬として鴻池さんに白羽の矢が立ったんです。いわば刺客のような存在ですね。

「恩を仇《あだ》で返すのは許さない」と鴻池さんが出馬して当選した議員会館の部屋が江本さんと隣り合わせになって、そこで私とバッタリ再会しました。

江本　私は鴻池先生からも隣同士でよくしてもらいました。尼崎の人で阪神ファンでしたからね、当時。そういう接点があったから。

そういえば、その前後ですね、台湾に日華《にっか》議員懇談会（日華懇、日本と台湾の関係強化を目指す超党派の議員連盟）で李登輝《りとうき》総統に会いに行ったのは。

濵渦　その会で、日本から一緒に行った議員たちが江本さんのことをタレント扱いしたので僕は言ったんです。「違うぞ。国会議員だぞ」と。江本さんにも、「あんたも黙っていたらいけないぞ」と注意しました。「タレント活動はしているとしても、国会議員として台湾に来ているんですよ」と言いましたよ。

江本　山中貞則《やまなかさだのり》さん（大蔵大臣などを歴任）が、まだ日華懇をやられていましたね。

濵渦　事務局を佐藤信二《さとうしんじ》さん（通産大臣などを歴任）が担当されていて、村上正邦《むらかみまさくに》さん（労働大臣などを歴任）もいましたね。懐かしいですね。

江本　参議院議員会館では隣の部屋同士でしたから、「何か大きな怒鳴り声がするなあ」と思うと、たいていが濵渦さんでした。

変な市民団体の陳情団が来ると、議員会館じゅうを回っていく。保守系のところにも顔を出そうとするわけです。そうすると、最後には濵渦さんとケンカになったりして、大声で追い返されていました。

濵渦　もう、ボロクソに言って追い返していましたよ。

「日本のためにならないことじゃないか。他国のために動いているのなら、すぐに出ていけ」と、しょっちゅう一蹴していました。

それだけ騒ぐと、二度目は鴻池事務所はパスされるようになるから、ほとんど初めての陳情の人たちでしたけれどね。

江本　そんなのがあったり、いろんなことがありましたね。

濵渦　本当に懐かしいものがありますね。

石原慎太郎の衆議院議員辞職の真相

——濵渦が長年仕えた石原は、一九九五（平成七）年四月十四日、議員在職二十五年表彰を受けての衆議院本会議場での演説中に、「日本の政治はダメだ。失望した」という趣旨の発言を行って衆議院議員を辞職する。

石原の突然の辞職表明は大きな話題となった。

濵渦　二十五年表彰のときには、石原さんは「この国は宦官《かんがん》国家になり下がった」と言って辞めましたね。

江本　あの年はオウム真理教《しんりきょう》事件や阪神・淡路大震災など激動だった記憶があります。国会議員でしたが、「日本はどうなるんだろうか」というくらい、毎日大きなニュースがありましたね。

濵渦　震災のときも石原さんが「現地の状況を自分の目で見たい」と言うから、まだ発災から日が浅いうちに視察に現地まで一緒に行きましたよ。

石原さんは運輸大臣経験者でしたから、関西国際空港に行って、そこから船で神戸《こうべ》のポートアイランドに渡りました。道路が寸断され、自動車では十分に回れないので、原付バイクで長田《ながた》を回ったり、東灘《ひがしなだ》のほうを回ったりしました。新神戸《しんこうべ》駅のホテルに行って、電気も止まっているので、石原さんと二人でローソンの明かりの下で冷たいおにぎりを食べました。

そのタイミングで、「俺は四月に辞める」と打ち明けられたんです。

江本　僕も阪神・淡路大震災のときは参議院の災害対策特別委員会の理事でしたから、ほかの委員会のメンバーとともに発災から三日目にヘリで神戸に入りました。そのあと、やっぱり心配だから、僕だけが残って甲子園球場の周りの知人たちが大丈夫かどうか、十日ほど確認して歩きました。見慣れた建物も倒壊していて、本当に大変でした。

鳴らなかった橋本龍太郎からの電話

——一九九三（平成五）年六月、政界を激変が襲う。小沢一郎や羽田孜《はたつとむ》らが政治改革を理由に宮沢喜一《みやざわきいち》内閣の不信任案に賛成し、自民党を離党。これまで盤石に見えた「五五年体制」にひびが入り、小沢主導の細川護熙首班による非自民連立政権が誕生する。

野党に転落した自民党で石原は「21世紀委員会」の委員を務め、「21世紀への橋　新しい政治の進路（政策大綱案）」を執筆する。

石原による自民党再生への第一歩となる提言は当時、おおいに話題になった。

その後、一九九五（平成七）年四月に石原は衆議院議員を辞職するが、その年の九月の自民党総裁選で橋本《はしもと》龍《りゅう》太《た》郎《ろう》が勝利する。

石原は橋本の政調会長時代に政調副会長としてコンビを組んでいた。

濵渦　そのとき、僕は赤坂にあった石原さんのプライベートオフィスに足を運んだんです。当時は参議院議員になった鴻池さんの秘書。

すると石原さんが、「橋本から連絡があるから待っているんだ」と言っていました。「橋本さんから何か頼まれるかもしれない」と期待していたんでしょうね。酒を飲みながら待っているけれど、電話は来ない。

「石原さん、来ないよ。もう帰りましょう」

そう言って帰った記憶があります。

石原さんは、「総理大臣にどうしてもなりたい」というタイプではなくて、「この国を変えたい」という気持ちを持っていました。だから「東京の総理大臣になったら変えることができますよ」と都知事選出馬の話を持ちかけたんです。

江本　石原さんは衆議院議員辞職後も国のことを憂いていたんですね。

濵渦　石原さんは衆議院議員を辞職したときに「この国は宦官国家になり下がった」と演説したくらいですからね。

石原慎太郎の「二つの素顔」

――小説家と政治家、二つの顔を持った石原慎太郎はどのような人物だったのか。

江本　石原さんは、どんな一面を持っていましたか。

濵渦　石原さんは義理堅いところがありました。地方に出かけた際にも昔、お世話になった人がいれば、会って一緒に飲みに行ったりしていましたよ。

お世話になった相手の消息がわからない場合は、「いま、どうしているのか探してほしい」と頼まれたこともしょっちゅうありました。

目上の人が亡くなったと知れば、ちゃんと訪問して仏壇に手を合わせていました。そういうところは本当に義理堅いし、情は深いところがあるんです。

ご家族のみなさんは一生、石原慎太郎ファンになってくれましたね。同行した先々でそういう場面を見てきました。

ただ、ケチなところもありましたよ。

青嵐会の代議士たちで地方に講演旅行によく行きました。中川一郎、渡辺美智雄、石原慎太郎あたりが選挙のあまり強くないメンバーのところをずっと回るわけです。

新潟の佐《さ》藤隆《とうたかし》（当時、参議院議員）のところに列車やバスを乗り継いで行ったのですが、途中で石原さんが焼き芋を売っているのを見つけて、「濵渦、うまそうだから焼き芋を買ってきてくれ」と言ったんです。

それで私が買いに行って、お昼を食べている料理屋さんに遅れて行ってみると、地元の議員も含めて十人くらいで、芸者さんも参加している。

私もそのときは若かったから、「焼き芋、買ってきました」と言ったら、急に石原さんが「お前は俺が芋を食うと思っているのか！」と怒り出したんです。

江本　芸者さんたちもいるから見栄《みえ》を張ったわけですね。

濵渦　おそらく、そうでしょう。

こちらが驚いてキョトンとしていると、「だいたい、俺がそんなに何個も芋を食うか。一個でいいんだ」と言い出した。

普通はみんなに配ると思って、気を使って人数分は買うでしょう。

あの人は、そういう発想がないんです。

そのあと、「お前、この芋を東京まで持って帰って、明日の飯にしろ」なんて言ってきたから、持って帰りましたよ（笑）。

江本　そこは子どもっぽいんですね。

濵渦　だからケチというか締まり屋。

そういうところもあるけれど、ヨットの関係の若者たちと遊ぶときなんかは気前がよかったりしました。

一橋大学で学んだせいなのかもしれませんが、一軒間口の石原商店をひとりでつくりあげた人だからですかね。

弟の裕次郎《ゆうじろう》さんのほうが稼ぎはよかったし、よく石原プロの小林正彦《こばやしまさひこ》さんから、「あんちゃん、五億円あるから、何かのときはいつでも用意できるから」と言われていましたね。

江本 あのころは石原軍団が選挙の応援でも大人気でしたね。

濵渦 静岡県の熱海《あたみ》で石原プロの新年会をよくしていましたが、いろんな役者さんが来て盛り上がっていました。

とくにタレントのミッキー安川《やすかわ》さんは湘南族《しょうなんぞく》で仲がよくて、私がミッキーさんの家に行って話をして帰るときに、靴を指で履こうとしていたら、「おい、男は靴は指で履こうとするな」って言われましたよ。そういう几帳面《きちょうめん》なところがありました。

江本 あのころは、いろんな人がいて懐かしいですね。

一九九九年の都知事選の舞台裏

――衝撃の議員辞職からちょうど四年後となる一九九九（平成十一）年四月、石原は青島《あおしま》幸男《ゆきお》の後任を争う都知事選に突然出馬し、候補者乱立のなかで約百六十六万票を獲得して当選する。石原は唯一の敗戦である二十四年前の都知事選の雪辱を果たした。

石原都知事誕生の陰に、濵渦のどのような尽力があったのか。

江本　濵渦さんは石原さんが一九九五（平成七）年四月に辞職されたあとは……。

濵渦　そのあとは鴻池さんの事務所で政策秘書を務めることになります。ちょうど一九九五（平成七）年七月の参院選で、鴻池さんが参議院への鞍替えに成功したんです。

江本　兵庫県選挙区から自民党公認で出馬して、三七万九六六五票を獲得されて当選していますね。

濵渦　はい。仇敵《きゅうてき》の新進党の石井一も当選したのは残念だったのですが、河本さんの支援もあって国政復帰を果たしました。ホッとしましたね。

江本　そこから石原さんの都知事選出馬を徐々に計画していくわけですか。

濵渦　僕は選挙のプロのようなものでしたから、戦略を組み立てて石原さんの出番を考えていました。

昔の仲間たちと連絡を取り合いながら、頃合いを見て石原さんに「都知事選に立候補してもらえませんか」と言ったんです。

ただ、典子《のりこ》夫人（石原の妻）は意見が異なりました。すでに若手の衆議院議員として注目を集めつつあった長男の伸晃さんを都知事にしたいという気持ちがどこかにあったみたいなんです。

江本　伸晃さんも、その当時には安倍晋三《しんぞう》さん（のちに総理大臣）や塩崎恭久《しおざきやすひさ》さん（のちに官房長官）らとともに「ＮＡＩＳ」（根本匠《ねもとたくみ》、安倍、石原伸晃、塩崎）なんて呼ばれて、自民党の若手改革派として注目されつつありましたね。

濵渦　はい。石原さんも典子夫人から「パパ、伸晃のことを考えておいてね」と言われているような雰囲気がありましたから。

石原さんは家族思いというか、家族には弱いところがあるんです（笑）。典子夫人には、本当は都知事ではなくて、「いつの日にか伸晃を総理、総裁に……」という気持ちがあったのかもしれませんね。

江本　それで濵渦さんは説得に乗り出すわけですね。

濵渦　はい。石原さん本人のところに行って、「都知事選に出ましょう」と言いました。

江本　すると？

濵渦　あの人は、そういうところでは文学者の顔をのぞかせるんですね。

「俺の鼻面をつかまえて水飲み場まで引っ張っていけば、俺は水を飲んでやるぞ」。そう答えてくれました。

江本　石原さんらしい粋な表現ですね。

濵渦　そう言われたら、こっちとしては、なんとしても水場をつくって飲ませるしかありません（笑）。もとからそのつもりですから、頑張るだけですよ。

それでポスターの手配とか……東京は掲示板が多いので、一日で貼るには五万人の貼り手が必要なんですね。チラシや政策集などのいろんなものを用意して、最後にひとつだけ困ったのが選挙の宣伝カー。

各政党は持っていますが、今回は前回とは異なり、自民党の支援を受けずに無所属です。むしろ既成政党に割って入るようなかたちですからね。

江本　あの選挙は混戦でしたね。自民党と公明党は元国連大使の明石康《あかしやすし》さん。民主党は鳩山邦夫《はとやまくにお》さん（総務大臣などを歴任）、無所属で舛添要一《ますぞえよういち》さん（元厚生労働大臣、のちに都知事）もいて、自民党を離党した柿沢弘治《かきざわこうじ》さん（元外務大臣）も出馬していましたね。

濵渦　候補者が乱立するのは都知事選のつねではありますが、かなり乱立して宣伝カーがどこにもない。右翼団体に「用意してくれないか」と頼んだら、なんと装甲車を回してくれた（笑）。さすがに重厚すぎるなあと思っていたら、最終的には当時、自由連合を率いていた徳田虎雄《とくだとらお》さんが現れて協力してくれました。

江本　僕も徳田さんとは縁があって、お世話になりました。スポーツ平和党から移籍して自由連合に所属していたこともありましたから。

濵渦　その徳田さんの自由連合のなにわナンバーの宣伝カーで選挙戦をやることになったんです。大阪から静岡まで持ってきてもらって、塗装を青く塗り替えて宣伝カーにしました。マスコミの人も気づきませんでしたね。僕なんかが見れば、なにわナンバーの時点で気になりますが。自分で用意できなかったのは、そのくらいですね。

江本　都知事選は舞台をつくるだけでなく、選挙資金も用意されたのですか？

濵渦　舞台はつくりましたが、資金集めはしません。大きな選挙をやるとわかってくるのですが、最初に出馬に必要な供託金を準備できたら、あとは選挙になれば、いわゆる「陣中見舞い」で入ってくるんです。これは大きな選挙になればなるほど入ってきます。

石原さんも、「俺は金出さないぞ」って言うから、「心配いりません」って言ってやりましたよ。

当選したら、ガンガンお祝いが入ってきて、それで十分まかなえます。

ここは勘違いされやすいところですが、最初からお金をかけても、大型選挙ほど通用しないんです。

江本　一九九九（平成十一）年の都知事選は候補者乱立でしたが、「出馬したら絶対勝てる」と思っていましたか？　そういう確信みたいなものはあるものなんですか？

濵渦　石原さんなら出馬さえすれば、トップになれると確信していました。

ただ、ひとつだけ心配だったのは、候補者が乱立したなかで、有効得票総数の四分の一以上を獲得して当選できるかどうか。これが取れないと、再選挙になってしまいますから。石原さん本人も、面倒くさがりなところがあるし、自分から手を挙げたわけじゃないという気持ちだから、「再選挙になったら、かっこ悪いから、俺は立候補しないよ」なんて言っていました。

江本　そこは最後まで「濵渦に出ろと言われたからやっているだけだぞ」という姿勢なんですね。シャイな石原さんらしい。

濵渦　選挙に出るのは一九九三（平成五）年の衆院選以来だから、本人もほぼ六年ぶりで、最初はしんどかったのでしょう。

とはいえ、出るからには街頭演説も多少はやらないといけません。

石原さんには、「本人が生きていることだけわかればいいから、一日一カ所でけっこうです」と言って始めました。

しかし、そこはやはり政治家です。

二、三日たったら、石原さんのほうから、「濵渦、遊説の数を増やしてくれ」なんて言ってきた。聴衆の反応が抜群にいいから、本人もまんざらでもなくなって、やる気になっていったわけです。

宣伝カーで回っていて反応を見ているうちに、「これは勝ちだな」とわかりましたね。

江本　実際に石原さんは三〇%超えの得票率で、一六六万四五五八票獲得しましたからね。

濵渦　当選有効の法定得票率を五%上回っただけですが、二位の鳩山邦夫さん（八五万一一三〇票）や三位の舛添要一さん（八三万六一〇四票）を倍近く上回りました。

この選挙では、これまで私が全然行ったことのなかった奥多摩《おくたま》とかに行っても反応がよかったんです。

調査してみると、特定の支持基盤もない地域でも、それなりにしっかりした数字が出ていました。

鈴木宗男の怪文書と野中広務との直談判

江本　この都知事選では自民党と対決したこともあって大変だったんですね。

濵渦　予想していなかったのは怪文書がいっぱい出たことですね。
　石原さんの四男で画家の延啓《のぶひろ》さんが、オウム真理教の信者だという根も葉もない怪文書が飛び回ったんですよ。
江本　そんなことがあったんですね。
濵渦　あの時代ですから、各団体のところに怪文書が郵送されたり、ファクスで大量に送られたりして。
　それで、どこがこんなことしているのかと調べたら、なんと自民党の東京都連でした(笑)。ウソみたいな話ですが、ファクスの発信者番号を確認したら東京都連だったんです。
江本　この選挙では東京都連は明石さんを応援していましたね。
濵渦　頭に来て、さすがに抗議のために都連に怒鳴り込みましたよ。
　事務局長がいて、「オラーッ」って怒鳴り込んでいったら、当時、都連の会長だった島《しま》村宜伸《むらよしのぶ》さん（農水大臣や文部大臣を歴任）がいました。
　あの人は江戸川《えどがわ》区が選挙区ですからね。それで島村会長のところに「おい、島村」と怒鳴り込んだんです。
江本　島村さんは災難ですね。

濵渦　なんかよく知らない右翼が怒鳴り込んできたと思ったみたいでした。まあ、左翼から見たら、僕は実際に右翼だけれど。それで都連に、「撤回しろ、謝罪しろ」と迫ったわけです。

結局、あとからわかりますが、怪文書を出すように指示していたのは鈴木宗男《すずきむねお》（北海道開発庁長官などを歴任）だったらしいんです。当時の小渕恵三《おぶちけいぞう》政権では、鈴木宗男は野中広務《のなかひろむ》官房長官のもとで官房副長官をしていて、力があった。

江本　小泉政権で鈴木さんが失脚する前の話ですね。

濵渦　野中さんは怪文書のことをまったく知らなかったみたいだけれど、都知事選が終わったあとに手打ちをするために会いに行きましたよ。

ずっとケンカをしていても、東京都知事と官邸の関係が悪いのはよくないですからね。鴻池さんにあいだに入ってもらって野中さんと折衝をしました。石原さんは、さすがにカンカンになっていて、「謝罪は五大紙全部に載せろ」と言っていましたが、そう言われても、「怪文書を撒《ま》け」という指示を自民党として公に出しているわけではないというのが野中さんの言い分でしたね。

結局、僕のほうからは延啓さんの名誉を回復しないといけませんから、五大紙とまではいかなくても、自民党が発行している機関紙の『自由新報』に野中広務の名前で出してほしいというかたちで交渉しました。

それで話が一度はまとまりかけたんです。

江本　結局、そのあと何かあったんですか。

濵渦　そこに伸晃さんが出てきて、自分の弁護士を使って自民党東京都連を告発したんです。自分も東京選出の自民党の衆議院議員なのに、ですよ。

告発したら、もうそれは裁判沙汰になるだけだから、せっかく詰めた話もすっ飛んでしまって、謝罪広告の掲載もなしになってしまいました。

こちらから頼んで詰めていた話だったので、野中さんに詫びに行きました。「せっかくここまで話を詰めてもらったのに、あの話はここで手じまいさせてください」と言って。その後は、「後始末は、もう告発した人たちでやれよ」と思って知らない顔をしていました。こちらでやれることは、もうありませんでしたから。

でも、このときの経緯があったからか、結局、野中さんからは、ものすごく評価されるようになりました。

それから一年後、私が二〇〇〇（平成十二）年七月に東京都の副知事になるときに、都議会はほとんど反対一色だったんです。自民党、公明党、民主党、共産党に反対されて、小さい会派だけが賛成だったんです。

そのときに、森喜朗《もりよしろう》政権のもとで幹事長に就任していた野中さんがあいだに入ってくれて、私の副知事案を承認しようと動いてくれたんです。

じつは野中さんも高知県とは縁があったんですよね。

一九二五（大正十四）年生まれの野中さんは戦争経験者で、一九四五（昭和二十）年一月に本土決戦用に急造された第１５５師団の一員として高知の香美郡に配属されていたんです。

兵舎の近くの、たまたま飲み食いしていた料亭が、じつは私の母親の実家でもあったんです。そういう縁もありましたね。

第5章

東京都政
ぶっちゃけ話

2005年6月7日、特別職人事案を審議する
東京都議会本会議に臨む石原慎太郎知事（右）と濵渦武生副知事（手前左）。
濵渦は、まさに「腹心」といえる存在として都政改革に辣腕を振るった。
（提供：共同通信社）

「お前は俺をひとりぼっちにするのか」

――一九九九（平成十一）年四月、濵渦にとって念願の石原都知事が誕生した。

当選した石原は都知事選の立て役者だった濵渦を副知事に起用しようとするが、都議会の多数派を占める自民党との関係もあって、スムーズに副知事に就任することはできなかった。

江本　石原さんは政党の支援をいっさい受けずに無所属の候補者として当選したわけですよね。当選直後は都議会との関係に苦労する場面も多かったんじゃないですか。

濵渦　ええ。最初の選挙では自民党と公明党は明石康さんを支援していて、民主党は鳩山邦夫、共産党も教師出身の三上満《みかみみつる》を立てていました。都議会には会派として正式に石原さんを応援していたところはありませんでした。

だから最初は緊張関係といいますか、とくに第一党の自民党は「選挙では負けたけれど、議会では俺たちが多数会派だからな」という強気な姿勢でしたね。都知事選の怪文書問題で東京都連とも対立していましたから。

江本　濵渦さんが副知事に就任されるまでにも紆余《うよ》曲折《きょくせつ》があったようですが、これはやっぱり石原さんからの頼みだったんですか？

濵渦　まだ鴻池さんの政策秘書だったのに、当選した直後から、「副知事をやってほしい」という話が出てきたのですが、「やりたくないから」と断っていたんです。

最終的には石原さんの自宅に呼ばれて説得されました。

こちらが渋っていたら、最後には怒り出して、「お前は俺をひとりぼっちにするのか。お前が『都知事をやれ』と言ったから水を飲んでやったんだぞ」とまで言われてしまった。そこまで言われると、さすがに断ることはできません（笑）。

江本　理屈とかより気持ちですね。僕ら高知の男は、そういう言葉にいちばん弱い。

野球でも高知出身の選手はリリーフピッチャーとして頑張っているタイプが多くて、なかには無理させられたり、酷使されてしまったりする選手もいます。藤川球児や中西清起、鹿取義隆もそうでした。

濵渦　昔からですが、自分の損得の話ではなく、大義を持ち出されると、断れない性分なんです。

そのあと、一九九九（平成十一）年五月二日付の『読売新聞』が一面で副知事に「元公設秘書ら有力」と私のことを報じました。

石原さんに「お前、勝手にマスコミに漏らしちゃダメじゃないか」と注意されましたよ。でも、もちろん自分から話すわけなんかありません。石原さん本人がナベツネさん（渡《わた》邉《なべ》恒《つね》雄《お》読売新聞グループ本社代表取締役主筆）と会ったときにリップサービスでしゃべっているだけなんです。

江本　それは災難でしたね（笑）。

濵渦さんは、そのときは鴻池さんの政策秘書だったわけですよね。

濵渦　ええ。結局、石原さんが鴻池さんに頼んで、石原さんのところに行くことになりました。

でも、私を副知事に起用する案は都議会では簡単に同意を得られませんでした。最初は継続審議にされて、七月には総務委員会で否決されましたから。

結局、議会の承認を受けて正式に副知事になったのは、それから一年以上あとの二〇〇〇（平成十二）年七月でしたね。

江本　その間は特別秘書として過ごされたわけですね。

濵渦　あまり気にせず動いていましたが、そういうことになりますね。

すべてが「抵抗勢力」だった東京都庁

――特別秘書に起用された濵渦は石原都知事の腹心として、問題ばかりの東京都政の改革に辣腕を振るっていく。

当時の東京都は財政再建団体に転落寸前。石原が就任する前年の一九九八（平成十）年九月には財政危機の「非常事態宣言」を出すほどだった。

江本　国に対してはっきり意見を言う石原さんの姿勢は、都民から支持を集めるだけでなく、日本中からも注目を集めていきますね。

あのころから石原総理待望論が出てきた気がします。

濵渦　東京都には議会もあって、政策に精通しているたくさんの職員がいます。ないのは軍隊くらい（笑）。いわば独立した政府みたいなものなんです。

当時は小渕恵三政権（一九九八年七月～二〇〇〇年四月）や森喜朗政権（二〇〇〇年四月

～二〇〇一年四月)、小泉純一郎政権(二〇〇一年四月～二〇〇五年九月)でしたが、私や石原さんは東京都を、国に対抗できる最大野党にしようと思っていました。

そういう位置づけで新しい政策を打ち出していけば、国にも影響を与えて国の政策まで変えることができるだろうという意識で取り組んでいくことにしましたね。

江本 まさに東京発で日本を変えるという発想ですね。

特別秘書としては、何から取り組んだのですか。

濵渦 政策をつくって、それを実現するには、まず役人を使いこなさないといけません。そのためには東京都のあらゆるしくみを知らないといけません。だから東京都のたくさんある部局や関連団体を洗い出して、どの部局がどんな仕事をしているのか、毎日のように視察をしました。

特別秘書になってすぐ、部屋の壁全面に模造紙を貼り合わせ、各部局の名前を書き出して、さらにそこから枝を伸ばすように出先機関や関係する外郭団体をズラッと書く。年間どのくらいの予算なのか、どれだけの人員が働いているのか、果たして本当に必要な団体なのか、視察をしながら、逐一あぶり出していきました。

江本 大変で地道な作業ですね。

濵渦　はい。下部組織や外郭団体は、監理団体、関連団体まで含めると無数にありますから、全容を把握するまでが大変でした。

とにかく東京じゅうの都の関連施設を見て回りましたよ。いまでも私が東京都のことをいちばん知っているという自負がありますが、それは、このときの経験があるからですね。

江本　回ってみて、実態はいかがでした？

濵渦　組合対策や議会対策という言葉のもとに、多くのムダがありました。

実態を知れば知るほどめちゃくちゃでしたね。税収がいくらあったところで、この放漫体質では追いつかないだろうと、すぐに思いましたから。

たとえば江東区《こうとう》の夢《ゆめ》の島《しま》にある東京都立第五福竜丸《ふくりゅうまる》展示館［＊3］。その施設のなかには教育委員会から職員が五人も派遣されているけれど、何もしていない。なかに部屋をつくって組合活動をやっているだけなんです。そこに予算が数千万円も

＊3【第五福竜丸展示館】アメリカと当時のソビエト連邦がさかんに核兵器の開発を進めていた冷戦時代の一九五四（昭和二十九）年三月一日、アメリカがビキニ環礁沖で行った水素爆弾実験場の付近にいたことによって多量の放射性降下物を浴びた乗組員二十三名の遠洋マグロ漁船の第五福竜丸を展示するために、美濃部亮吉都政の一九七六（昭和五十一）年六月十日に開館した。

ついていた。そういうことを逐一調べていったんです。

ほかにも多摩《たま》市には考古遺物などの調査研究や資料の収集をしている東京都立埋蔵文化財調査センターがありました。そこでは遺物の発掘のために数千万円の予算が確保されていました。

でも、視察に行ってみると、化粧して指輪までつけたおばちゃんたちが、その日だけ発掘作業をしているふりをしている。

明らかにおかしいから所長に問いただすと、「地元対策なんです」と言われました。有力な地元の議員の紐《ひも》つき案件だったりするわけです。

東京都は財政難が問題になっているのに、そういう野放図に予算がついているものがたくさんあり、ムダの温床になっていましたね。

それだけでなく、そもそも経営感覚がいっさいない。たとえば都の施設には卓球台があって、利用料がひとり百円で、団体で借りると二百円に設定されている。そうすると、四人で遊ぶときは団体で借りて二百円しか払わないわけです。こういういい加減な料金設定をした事業運営が、さまざまなところで行われていました。

しかも、調べると、たいてい組合対策なんです。

だから都民のための施設なのに利用する都民のことはまったく考えない運用がされていました。

江本　ひどい話ですね。

濵渦　目黒《めぐろ》区の駒場《こまば》公園のなかには東京都近代文学博物館［*4］がありました。当時の近代文学博物館の来客数を見ると、開館しているのに、火曜日だけは、来客がいない。

不思議に思って調べると、これがひどい話で、目黒区が運営する駒場公園が火曜日が休みだから、そもそも公園のなかにある博物館に入れない（笑）。

それを知りながら、職員たちは、その日を休みにせずに営業日に設定して楽をしているわけです。民間企業ならありえないでしょう。こんなおかしなことがまかり通っていたんです。

東京都が運営する動物園には上野《うえの》動物園と多摩動物公園の二つがありますが、当時はど

＊4 **【東京都近代文学博物館】** 目黒区の駒場公園内にあった文学館。加賀《かが》藩主の旧前田《まえだ》侯爵家の本邸だった洋館を利用して一九六七（昭和四十二）年四月に隣接する日本近代文学館と同時に開館。二〇〇二（平成十四）年三月に閉館した。

ちらも同じ曜日を休みにしていました。

普通なら集客を考えて、ずらすべきじゃないですか。そういう意識がまったくありませんでしたね。

当時は視察でどこかに行くたびに問題点を見つけて帰ってきたから、石原さんから、「お前は一日にひとつ獲物を咥《くわ》えて帰ってくるなあ」と言われていました。

江本　狩猟を趣味にしている濵渦さんらしいですね（笑）。

職員を五千人削減、給与四％カット

――石原都知事は就任からわずか一カ月後の五月、財政再建プランの策定に着手する。

七月には四年間で五千人の職員削減や職員給与四％カットなどを盛り込んだ第一次財政再建プランを策定。濵渦は財政再建のために奔走することになる。

江本　都庁職員の給与四％カットをやるわけですが、これはすんなりＯＫされなかったわけですよね。

濵渦　職員の組合である都労連（東京都労働組合連合会）の委員長室にひとりで乗り込んで交渉しましたよ。

当時の委員長の矢澤賢《やざわまさる》さんは全共闘上がりの極左の活動家だったけれど、親分肌の人で、交渉相手としては文句のない相手でした。

私はいわば極右ですが、極左と極右の極端同士、話が合ったんです。

相手も給与カットに対抗して始業時からの一時間のストライキを打ってきたけれど、こちらとしては、その時間分、職員の給料を払わなくてすむから、内心では、「どうぞストをやってください」と思っていました。

江本　最終的に妥結したわけですね。

濵渦　一九九九（平成十一）年十一月十七日の団体交渉で職員給与の削減策について合意しました。二〇〇〇（平成十二）年度から二年間、全職員の給与を四％、期末勤勉手当は八・六％削減するという内容で合意しました。都の職員の給与がカットされたのは初めてのことでした。

矢澤さんはもう亡くなられましたが、任侠《にんきょう》団体の親分みたいな風格がある人で、大人物でした。

あの当時は、どこの自治体も財政再建に苦しんでいて、東京だけじゃなかった。もし財政破綻になれば、職員も解雇される可能性があるから、「組合員の雇用を守る立場の委員長としての役割があるんじゃないですか」とこちらが言ったら、矢澤さんは、「うまいことを言うなあ」って、うなっていましたね。

結果的に、あの交渉がうまくいったことが一里塚になって、日本中の自治体に財政再建の機運が起こるようになりました。

東京都の財政が好転していくきっかけは、あのときですから、結果的に石原都政にとっても最大のキーポイントでしたね。

江本　濵渦さんは東京都の債務を圧縮するために金融機関相手の交渉も担当されたんですよね。

濵渦　青島幸男さんの前任の鈴木俊一《すずきしゅんいち》都政の時代、都市博（世界都市博覧会、青島の判断で中止）の準備などで、東京都は莫大《ばくだい》な借金を抱えていました。

臨海部に大きなハコモノをつくって総額で五兆円くらいの借金があったから、利息を支払うだけでも大変です。

石原さんと相談して、「借金を縮小しよう」という話になって、私が交渉に動きました。

当時の日本政策投資銀行の総裁が大蔵省（現・財務省）出身で、事務次官などを経験されていた小粥正巳《こがゆまさみ》さん。

その小粥さんのところに通いつめて、東京都が借りている資金について利息カットや債務の圧縮のための借り換えを頼みましたね。カラオケに一緒に行って小粥さんの大好きな軍歌を一緒に歌ったこともありましたよ（笑）。

江本　涙ぐましい努力をしたわけですね。

濵渦　ええ。それで利息をカットしてもらい、その分を元金の返済にあてられるようにしてもらったんです。

その成功を梃子《てこ》に、ほかの金融機関との話もまとめました。横並びですから、メインバンクの政策投資銀行との話がうまくいけば、ほかの銀行もその条件に合わせてくれるようになっていきましたね。

江本　現在は小池都知事が何かあるたびに大盤振る舞いをしている印象ですが、それでも財政が好調なのは、もともとは石原都政でのさまざまな改革があったからできることなんですね。

濵渦　東京都は都税だけで六兆円くらい入ってきますからね。しかし、小池都政の大盤振る舞いを見ていると、今後はどうなるか怪しいですね。

黒いペットボトルで花粉症対策を訴える

――一期目の公約のひとつに「健康を損なう排ガスにＮＯ」を掲げたことからもわかるように、石原都知事は深刻な問題となっていた大気汚染への環境対策にも力を入れた。

江本　石原さんはディーゼル車の排ガス規制［＊５］など、環境問題に率先して取り組んでいましたね。みずから記者会見で煤《すす》の入ったペットボトルを撒いて見せるなど、先頭に立って取り組んでいましたね。

濵渦　石原さんは福田赳夫内閣時代に環境庁長官（一九七六年十二月二十四日～一九七七年十一月二十八日在職）を務めていたこともあって、環境問題への意識は強かったんです。

　ディーゼル車の排ガス規制もそうですが、とくになんとかしようと取り組んでいたのが花粉症です。

江本　日本人にとっては国民病みたいなものですね。

濵渦　花粉症というのはスギやヒノキの花粉が原因ですが、それだけではないんです。花粉が大気中の化学物質と接触することで、さらにアレルゲン物質が拡散される。だから花粉の飛散量を減少させることも重要ですが、それだけでなく、大気中の化学物質も減らさないと改善は難しいんです。

石原都政では、その複合汚染を減らそうと小渕政権とも連携して取り組んでいました。当時、外務省出身の総理秘書の齋木昭隆《さいきあきたか》さんと私がカウンターパートとなってやりとりをしていましたが、そのうちに小渕総理が倒れてしまって、二〇〇〇（平成十二）年五月十四日に亡くなられてしまった。とても残念でした。

江本　昔の東京ではベランダに洗濯物を干していたら真っ黒になっていましたが、いまはそういうことは減って、本当に改善されましたね。

石原さん本人も花粉症だったみたいですね。

＊5【ディーゼル車の排ガス規制】　当時、深刻となっていた自動車排ガス公害に対応するために、ディーゼル車への粒子状物質排出規制を、首都圏のほかの自治体と共同して実施。二〇〇〇（平成十二）年に通称・環境確保条例といわれる「都民の健康と安全を確保する環境に関する条例」を制定し、粒子状物質排出基準を超えるディーゼル車の新車登録七年経過後の走行を禁止した。

濵渦　石原さん本人が発症したのは二〇〇五（平成十七）年と遅かったようですが、もともと石原さんの周りで苦しんでいる人はたくさんいたようで、なんとかしないと、という気持ちは強かったようです。

東京都では石原都政の時代に部局横断の花粉症対策本部が設置され、現在でも森林課と環境局を中心に植え替えと間引きで多摩地域の森林から飛んでくる花粉を減らす取り組みが行われていますよ。

本当は「闇」などない築地市場の豊洲移転

――二〇〇〇（平成十二）年十月、晴れて副知事となった濵渦は石原都知事から東京都が長年抱えていた築地市場の豊洲への移転問題に関連して豊洲の地権者である東京ガスとの交渉を一任される。

その後、濵渦は二〇〇一（平成十三）年二月の移転協議開始の覚書締結や、七月の移転に向けた基本合意へと導いていく。

江本　この件も結局、濵渦さんが担当されることになったんですね。

濵渦　最初は福永正通《ふくながまさみち》副知事が担当されていたのですが、結局、石原さんに「濵渦よ、ああいう荒っぽい仕事は役人にはできない。ああいう仕事はお前がやれ」と言われて担当することになりました。

ヤクザな仕事は私にばかり回ってくるんですよ（笑）。

そのあと、自分の部屋に帰ると、すぐに担当の部長が来て、現場を見に行くことになりましたね。

東京ガスに「土地を売ってほしい」とこちらが頼むわけですが、話がこじれていたので、まずは環境整備です。

佐藤栄作《さとうえいさく》元総理の次男の佐藤信二さんと私は、選挙の手伝いをしたことがあっておつきあいがあったんです。佐藤信二さんの妻の和子《かずこ》さんは、東京ガスの当時の安西邦夫《あんざいくにお》会長のお嬢さんなんですね。

だから佐藤信二さんにも相談して、交渉相手として確実に信頼を置ける人を紹介してもらいました。

そこから始めて一年ちょっとで基本合意にこぎつけました。東京ガスも経営会議にかけないといけないし、株主にも説明しないといけませんからね。

江本　小池都知事は、あの問題を蒸し返して百条委員会に濵渦さんを呼びましたが、なんの意味もありませんでしたね。

濵渦　結局、都議選向けに騒いでいただけで、彼女お得意の、たんなるパフォーマンスでした。

「受験勉強」にしか興味がない都職員

――石原都知事の指示のもとで、さまざまな改革を推進していく濵渦に対して立ちはだかったのが、旧来の利益構造を維持しようとする都議会議員や、東京都の職員たちだった。

江本　東京都の職員は出世の構造が独特なんですね。

濵渦　国の行政職は入職時から上級公務員（一種）とそれ以外（二種や三種）に分かれます。だから一度、一種で採用されれば、最低でもある程度のキャリアにはなれます。

しかし、東京都は入ったときは全員が横並び。入職してから昇進のための受験レースをひたすら続けていくんです。

働き始めて三年後に主任試験を受けて、それから幹部試験を受けて、だんだんと狭き門になっていく。最後まで残って出世レースをきわめるのは数人しかいません。

だから都庁の建物は巨大な受験教室なんです。

しかも、その受験教室のなかに自分たちの勢力を拡大しようと考えるさまざまなグループがあり、特殊なヒエラルキーもある。幹部試験に受かるための塾まで用意されるほどなんです。

さらに、なるべく自分の派閥の人間を出世させようとするから、派閥間での貸し借りのようなものまである。

とくに石原都政が誕生したときは、美濃部亮吉都政時代（一九六七〜一九七九年）に美濃部さんに憧れて入ってきた職員たちが幹部になっていました。都庁内にも美濃部シンパが幅をきかせているところがあったんです。

私は、そういう長年の人事の因習や流れを断ち切るようにしました。

鋭い刀やカミソリでスパッと切ったら、すぐにくっついてしまうから、それはもう二度と修復されないように、鋸《のこぎり》で挽《ひ》くようにギリギリとやりました。

江本　彼らにしてみたら、濵渦さんの存在は煙たかったでしょうね。

濵渦　都の職員も巧みなんです。出世のためには自分たちが関与した政策について議会で承認をもらわなければいけないから、都議会議員と連携するようになる。

そのためには関連する委員会に力のある都議のご機嫌を取ろうとするわけです。議員が持ち込んでくる案件を「ご当地ソング」といいましたが、地元の陳情をある程度の金額までの予算だと現場の判断でも執行できるので、そういうことで融通をきかせて貸し借りの関係をつくっていく。

江本　国政と似た構造ですね。

濵渦　はい。八王子《はちおうじ》市の山の土地を東京都に買わせようと公明党の議員が紹介してきたこともありました。創価学会の信者が持っていた土地を都に高い値段で売ろうとするわけです。道もないのに住宅地と同じ価格設定になっている物件をよく見つけましたよ（笑）。

江本　濵渦さんはマスコミにも厳しかったようですね。

濵渦　だから、いろいろ書かれたんです（笑）。

たとえば東京都政の専門紙の『都政新報』をはじめ、いくつかの社が東京都の第一庁舎内の部屋を家賃も光熱費もタダで使用していたんです。

「それはおかしいから、負担しろ。いやなら出ていけ」と私はやりました。だから、それがおもしろくなかったのでしょうね。議会とつるんで反濵渦の記事をたくさん書かれましたよ。

それから都庁の記者クラブは、かつて有楽町《ゆうらくちょう》に都庁があったときからの名残で、新聞社が中心の「有楽クラブ」と、テレビ局中心の「鍛冶橋《かじばし》クラブ」がありました。それぞれが仲がよくなくて、いがみ合っていて。私はその二つのクラブを統一して、「都庁記者クラブ」にして、家賃や光熱費を取るようにしたんです。

記者クラブの主催だった記者会見を知事主催に変えたりもしたから、おもしろくなかったんでしょうね。

江本 それだけ新しいことに手をつけたってことでしょう。

濵渦 私は悪者になったけれど、石原さんは都民から見たら大改革の革命児だったと思いますよ。都議会や一部の職員、マスコミなんかからは、私はにらまれましたけれど。

なぜ三期目の都知事選からは身を引いたのか

――石原都政は東京どころか日本中の注目を集めるようになる。一期目の選挙では一六六万票、得票率三〇％だった石原は、二〇〇三（平成十五）年の都知事選では三〇八万七一九〇票、得票率七〇％超えで再選された。

江本　この都知事選も濵渦さんが担当されたんですか。

濵渦　石原さんは四期十三年にわたって都知事を務めましたが、私が選挙にかかわったのは二期目までなんです。

三期目を狙う選挙からは外れました。同じ人間が中心になると、メンバーが前回と似通ってしまいますから。

江本　中選挙区時代の陣容を入れ替える話と一緒ですね。

濵渦　私が持っている選挙の部隊の人は、三期目もまた石原さんの名前を書いてくれますからね。

どうしても同じ候補者の同じ選挙だと、やることが手抜きになっていく。でも、トップが代われば、違う血が入ってきて、戦力も入れ代わっていくから、新しい票が取れるわけです。私なりの組織の活性化論を、ここでも使わせてもらったんです。

「濵渦排斥運動」と副知事辞任の裏事情

――石原の腹心として改革を進める濵渦に対して、都議会や職員を中心に反発する動きが表面化していく。

副知事就任から五年後の二〇〇五（平成十七）年六月二日に、民主党の都議に「やらせ質問」をさせたとの疑惑に関連する問責決議が可決され、濵渦は副知事を辞職することになる。

江本　この問題には、どういう背景があったのですか。

濵渦　都議や都の職員からの反発ですね。

さまざまな改革をしましたが、東京都が直接管理する外郭団体を百六から六十四まで半分近く削って役員の給料を減額し、退職金もなくしたことがいちばん反発されました。外郭団体は都庁の職員たちの退職後の天下り先ですからね。

「自分たちの行き先を奪われた」と都議会に泣きついたわけです。「濵渦さえ外せば、もう一回、復活できる」と考えたのでしょう。

もちろん石原さんの指示のもとで進めていた改革ですが、彼らにしてみたら、「具体的なことは濵渦がやっているから、まず濵渦をつぶそう」という発想になる。

当時、都議会自民党の幹事長が、「石原なんか、濵渦さえ取り除けば、赤子の手をひねるようなものだ」と陰で言っているくらいでしたから。

だから濵渦排斥運動は職員のあいだから起こり、自民党東京都連の幹部や都議会公明党に、さまざまなご注進やタレコミがあったんでしょう。

江本　石原さんも、その流れに耐え切れなかったわけですか？

濵渦　私が辞職するのは二〇〇五（平成十七）年七月ですが、当時の石原さんには三男の宏高《ひろたか》さんの衆院選という大きな心配事がありました。

自民党との関係を悪化させたくなかったんでしょうね。

江本　宏高さんは二〇〇三（平成十五）年十一月の衆院選に自民党公認で、かつて慎太郎さんが活動していた東京三区から出馬しましたが、落選していましたね。

濵渦　はい。その選挙では比例での復活当選もできなかったので、浪人することになったんです。石原さんとしては、もし自民党との関係がこじれて宏高さんの次期衆院選での公認が難しくなってしまったら……と考えていたようです。そこのところは家族思いなんですよ。

江本　子どもを自民党に人質に取られたようなものですね。

濵渦　石原さんには、「濵渦を副知事にしたままだと公認しない」と各方面から有形無形のプレッシャーがあったみたいですね。

それまでは、「絶対に辞めるなよ。お前は俺の楯なんだから」と言われていたのですが、最後は石原さんに呼ばれて、「君とはずっと長い時間、一緒に戦ってきたよな。俺も苦しいんだ……」と言われました。

私が「辞めろということですか?」と聞くと、石原さんは、ただボロボロと泣いていました。

それで僕は、「石原さん、自分に瑕疵《かし》があるとは思っていません。全部あなたの指示のもとでやったことじゃないですか。それならいっそ、私を罷免してください」と言ったんです。

江本　石原さんは？

濵渦　「俺の沽券《こけん》にかかわるからできない」と言いました。最終的には、「わかりました。ただし辞めますが、退職届も辞表も書きません。お盆には副知事のままで高知に帰りますので、その直後に辞めます」と。

だから東京じゅうを探しても、私の副知事辞任の辞表はありません。

そのときに、「このあとも、お前の力がいるから、もう一回、都政を手伝ってくれ」と言われたんです。

江本　それで一年後の二〇〇六（平成十八）年七月から東京都の参与になるんですね。

濵渦　東京都と国との交渉は私がずっとやっていましたから。だから副知事は辞めましたが、その後も同じような仕事をしていましたね。

具体的な例としては構造計算書偽造問題［＊6］のときですね。

このときは被害のあった一都三県の知事が国と交渉をするのですが、私がほかの県の知事のもとを訪ねてサインを取りつけたり、国土交通省と話をしたりして、建て替えのための補助金が出るように国と交渉しましたね。

当時の国側のカウンターパートが、のちに菅義偉《すがよしひで》政権で総理大臣補佐官を務める和泉洋人《いずみひろと》さんでした。

江本　副知事を辞めたあとも都政のキーマンであり続けたわけですね。

濵渦　一年間、肩書はなしで、二〇〇六（平成十八）年から石原さんが辞める二〇一二（平成二十四）年十月までは参与を務めました。

副知事を退任した直後の二〇〇五（平成十七）年九月から有楽町にある東京交通会館の副社長も務めて、そちらも八年やりましたね。

国政復帰後も都に残った理由

――石原は、その後、二〇一二（平成二十四）年十月に四期目の途中で東京都知事を辞任

＊6【構造計算書偽造問題】二〇〇五（平成十七）年十一月十七日、国土交通省が千葉県にある建築設計事務所の姉歯《あねは》秀次《ひでつぐ》一級建築士の構造計算書の偽造を公表したことに始まる事件で、建築基準法に定められた耐震基準を満たさないマンションやホテルが建設されていたことから、大きな社会問題となった。

し、国政への復帰を表明する。

同年十二月の衆院選では日本維新の会の党首として比例の東京ブロックに出馬し、十七年ぶりの国政復帰を果たした。

石原の後任を争う都知事選では二〇〇七（平成十九）年六月から東京都副知事を務めていた作家の猪瀬直樹《いのせなおき》が当選した。

江本　石原さんの国政復帰も驚きでした。そのころ、濵渦さんは？

濵渦　石原さんが都知事を退任したので、そろそろ楽隠居しようと思っていたのですが、「あなたひとりだけの問題ではないから、七十歳までは働いてほしい」という話をもらいました。

私は上下水道局や港湾局、建設局、交通局などのいわゆるハード系を専門にしていたので、その分野での知見を生かしてほしいということで、江東区の錦糸町《きんしちょう》にある交通局に関係する東京トラフィック開発の改革をやってほしいという話になり、それに取り組んでいました。

廃車になった都バスを解体する場合に三十万円から四十万円ほどかかるのですが、地方の中小バス会社には中古車でも需要があるんです。

東京は道も平坦《へいたん》なところが多いから、総走行距離が長くても、車体がそれほど疲弊していない。もらい手はけっこういるんですね。

東日本大震災のあとだったので、復興庁と交渉して被災地の交通機関に都バスを譲り渡すために渡りをつけたりしていました。

たまたま当時の福島県いわき市長の清水敏男《しみずとしお》さん（いわき市議二期、福島県議四期ののち、いわき市長を二〇一三年九月から二〇二一年九月まで二期務める）が鴻池事務所の秘書出身で、私の弟子でしたから、その関係で新常磐交通《しんじょうばん》（福島県浜通り《はまどお》地方を中心に営業しているバス会社）にバスを譲渡する手伝いをしました。

尖閣諸島購入問題と石原慎太郎の男泣き

——二〇一二（平成二十四）年四月、石原は訪米先のワシントンで「日本人が日本の国土を守ることに何か文句がありますか」と沖縄県の尖閣《せんかく》諸島の購入を表明する。賛同者から東京都への寄付は、短期間で約十五億円も集まった。

だが、最終的には当時の民主党の野田佳彦《のだよしひこ》政権が地権者から購入する。
じつは石原も濵渦も、尖閣諸島に対して長年の思いがあったという。

江本　石原さんが尖閣諸島購入をぶちあげたのも、注目を集めましたね。あのときは民主党政権が中国に対して弱腰だったこともあり、多くの国民が石原さんに期待しましたね。

濵渦　領有権を主張する中国の挑発が続くなかで、対策に及び腰だった民主党政権に不信感を募らせた末での行動でした。

江本　濵渦さんは石原さんと一緒に尖閣諸島に行ったこともあるんですよね。

濵渦　あれは都知事になる少し前、一九九七（平成九）年の夏です。アニメ『宇宙戦艦ヤマト』のプロデューサーだった西崎義展《にしざきよしのぶ》が所有する中型船「オーシャン9号」で行きました。

石原さんがフィリピンから乗ってきて、私は石垣島《いしがきじま》から。

一緒に行ったのは石垣市議会議員の仲間均《なかまひとし》と、衆議院議員だった西村眞悟《にしむらしんご》（民社党や自由党、民主党などに所属）。

尖閣諸島には入り江に小さな船着き場があって、昔の鰹節《かつおぶし》の工場が残っていましたね。道中の船のなかでも都知事選に出ませんかと話をしたり。

石原さんが船の舳先《へさき》に立って海を見ていた。「何をしているのかな」と思ったら、法華《ほけ》経《きょう》を読んでいるんです。

「この人、すごいなあ」と思いましたよ。私は狩猟をするから山はくわしいけれど、海のことはよく知りませんでしたが……。

尖閣諸島のあたりは地図で見ると、八丈島《はちじょうじま》とか小笠原《おがさわら》諸島と緯度が近いんですね。だから都知事選の公約に、あのあたりの海域で東京都として漁業活動を行うことも入れましたね。

江本　尖閣諸島の灯台は日本青年社が一九七八（昭和五十三）年に建てたものなんですね。

濵渦　そう。日本青年社の衛藤豊久《えとうとよひさ》さんたちがつくりました。

当時、石原さんは運輸省に魚釣島《うおつりじま》の灯台を正式なものと認めて海図に描くように国会で質問したこともありました。

運輸省側が、「領土が確定していないからできない」と回答したら、当時のアメリカ大使館に質《ただ》して、「日米安全保障条約の範囲になる」との言質を取ったこともありましたよ。

江本　東京都による尖閣購入が実現していたら、また違ったかもしれませんね。

濵渦　結果的に国が購入したことで、中国をさらに刺激するかたちになりましたね。

中国政府の感覚では国有化したら、いつか自衛隊の基地がつくられると思うに決まっていますから。

江本　それにしても、短期間で約十五億円もカンパが集まったのは、すごいですね。

濵渦　ええ。当時、石原さんに会うと「濵渦、あの短いあいだで、これだけの国民がカンパをくれるなんて、うれしいなあ。まだ捨てたものじゃないなあ」と涙ぐんでいました。

江本　濵渦さんも石原さんも、長年の課題だったわけですね。

濵渦　尖閣諸島だけでなく、島根県の竹島《たけしま》も、北方領土も、私の永遠のテーマです。

今後も、日本の立場をはっきり示すことができる、強い政治家に活躍してもらいたいですね。

第6章 小池百合子の虚実

2016年7月31日、東京都知事選で初当選を決めた小池百合子。
左隣には若狭勝の姿も見える。小池はのちに濵渦を痛烈に批判するが、
濵渦は父・勇二郎の政界挑戦に深くかかわっていた
(提供:共同通信社)

小池勇二郎の衆院選出馬をサポート

――一九六八（昭和四十三）年九月に石原がつくった政治団体「日本の新しい世代の会」に参加し、関西の学生理事になった濵渦は、その縁で、小池都知事の父親である勇二郎と知り合うことになる。

江本　濵渦さんと小池都知事は長いつきあいがあるんですね。

濵渦　私は関西大学の学生時代、小池都知事のお父さんの勇二郎さんが衆院選に出馬した際に、石原さんに頼まれて選挙のスタッフをしていたんです。

江本　一九六九（昭和四十四）年十二月二十七日の第三十二回衆議院議員選挙ですね。

濵渦　はい。勇二郎さんは、のちに百合子さんや鴻池さんも出馬する兵庫二区から出馬しました。

当時は中選挙区ですから、尼崎市、西宮市、洲本《すもと》市、芦屋《あしや》市、伊丹《いたみ》市、宝塚《たからづか》市、川西《かわにし》市、三田市、川辺《かわべ》郡、津名《つな》郡（現在の洲本市五色《ごしき》町と淡路市）、三原《みはら》郡（現在の南《みなみ》あわじ市）

と兵庫県東部の広範囲の選挙区で、定数五人区に社会党の土井《どい》たか子《こ》さんや自民党の原健《はらけん》三郎《ざぶろう》さんなどがひしめく激戦区でしたよ。

江本　濵渦さんは、なぜ小池さんのお父さんの選挙を手伝うことになったのですか。

濵渦　石原さんとの縁なんです。石原さんが一九六八（昭和四十三）年の参院選に当選したあと、「日本の新しい世代の会」という政治団体をつくって、石原さんと出会った私は関西の学生支部の理事になりました。

小池都知事のお父さんは、その政治団体の関西選出の専務理事だったんです。

江本　関東圏は石原さんの参院選を取り仕切った飯島清《いいじまきよし》さんが専務理事を務めていました。

江本　飯島さんは選挙プランナーや政治評論家として著名な方ですね。

濵渦　ええ、飯島さんは、その道の第一人者で、石原さんの参院選の三年前にも藤原《ふじわら》あきさんを当選させています。

藤原さんは資生堂《しせいどう》をバックに全国区に出馬して見事に当選しました。

飯島さんと勇二郎さんの二人が専務理事を務めていましたが、飯島さんは選挙にみずから立候補するタイプの方ではないんです。

政治評論家として、いろんな政治家を見ていますから、「当選したところで……」と思っているわけです。

収入も落ちますからね。飯島さんは当時、よく、「僕が一時間講演したら百万円だからね」と言っていました。

江本　一九六〇年代（昭和三十五〜四十四年）後半の百万円は、いまの物価ではかなりの価値がありますね。

濵渦　一方で、勇二郎さんは、当時は国際三昌《さんしょう》物産という石油会社を経営していました。石油を精製する際にタンクからあふれたりする「こぼれ石油」を集めて大手の石油会社に売る商売をしていたんです。

ただし、あまりその商売はうまくいってなくて、会社の経営も傾いているようでした。そのときに、「衆議院選挙に出るから手伝ってほしい」と私のところに声をかけてきたんです。

専務理事の勇二郎さんに「手伝ってほしい」と言われたので、「自分の判断だけで、勝手に断るわけにもいかないな……」と思って、石原さんに判断を仰ぎました。

神奈川県逗子《ずし》市にある石原家に電話をして相談をしました。

「じつは小池勇二郎さんに選挙を手伝ってほしいと言われましたが、どうしたらいいでしょうか」

勇二郎さんは理想や哲学や政治的な話をする人でもなかったし、私が石原さんにひかれたような壮大な国家観を持っているような人ではまったくありませんでした。

正直いってシンパシーを抱くような部分があまりなく、魅力的な人間には見えなかったというのが実情です。

江本　石原さんは、それでなんと……。

濵渦　石原さんは、やはり専務理事だからということで、「頼む。手伝ってやれよ」と言っていました。

「会長の石原さんに言われたら、しょうがないか……」と、それで手伝うことに決めたわけです。　それで勇二郎さんの事務所に行ってみると、ほとんど人がいない。私と私が声をかけた民族派の学生たちだけ。それと鴻池さんくらいでした。結局、こちらも二十二歳の大学生ですから、運動員として無償でいいように使われてしまったわけです。

江本　鴻池さんとは、そのころからの縁なんですね。

濵渦　ええ。鴻池さんは、すでに自身の企業である尼崎港運株式会社を経営しながら、「日本の新しい世代の会」の尼崎支部長を務めていました。私と同じように、石原さんに惚《ほ》れていたのでしょう。

小池勇二郎事務所は、ひどいありさまで実態がほとんどない。そもそも選挙を手伝う人がいないんです。

選挙戦が始まる前は勇二郎さん本人が、「自分は大阪経済界では顔役のひとりだから、いろんな企業が応援してくれるんだ」と自慢していましたが、どうも怪しい(笑)。

そもそも選挙事務所自体が、鴻池さんが代表を務めていた「日本の新しい世代の会」の尼崎支部をいつの間にか乗っ取って選挙事務所にしているような感じなんです。

鴻池さんは青年会議所の先輩たちに声をかけて、「日本の新しい世代の会」の賛助会員を集めて支部の運営をしていましたから。

小池勇二郎選対の事務局の女性も、「日本の新しい世代の会」の尼崎支部の女性が務めていて、家賃も鴻池さんが支部として払っている。

そこに勇二郎さんが自分の旗を勝手に立てているようなものなんです。

結局、「日本の新しい世代の会」の尼崎支部が選挙のときだけ小池勇二郎選挙事務所に変わっただけ。事務所などの費用、スタッフまで鴻池さんに負担させているような状況でしたよ。

江本　結局、勇二郎さんは当選ラインからほど遠い七千七十四票で惨敗するんですね。

濵渦　はっきりいって泡沫《ほうまつ》候補でした。自民党の公認も取れずに無所属保守系として出馬しましたから。

選挙前は、「中曽根康弘さんや福田赳夫さんと既知の間柄だから公認される」と吹聴《ふいちょう》していましたが、それも大ウソでしたね。

最終的には自民党の公認がないため、石原さんの高い知名度に頼るしかないような状況だったわけです。

江本　小池都知事の原型がそこに見えるというか……なんだか、すさまじい人ですね。

濵渦　一事が万事、この調子なんですよ。

勇二郎さんに一度、「なんで選挙をやるんですか」と聞いたことがあるんです。あの人は独特な笑い方をする人で、「ハハハ……」ではなくて「ケケケケケ」と笑うんです。勇二郎さんは笑いながら、「文《ぶん》ちゃん（佐藤文生《さとうぶんせい》）が二期目で通産政務次官になったんだから、福田（赳夫）さんや中曽根（康弘）さんを知っている僕が当選すれば、すぐに通産政務次官になれるよ」と言うんです。

佐藤文生さんは大分県選出の衆議院議員でしたが、若いころに三昌物産（国際三昌物産とは別会社）という石油会社の社員だったらしいんです。その文生さんが衆議院議員の二期目に通産政務次官になったから、自分もすぐに起用されるだろうと。

それで、「そうすれば、この会社も成り立っていくんだよ。万々歳だよ」なんて話しているんです。

おそらく会社の経営状況が芳しくないから、政治の力を借りて、ひと山当てようと思っていたんでしょうね。

「慎太郎！　勇二郎！　慎太郎！　勇二郎！」

江本　濵渦さんの話を聞いていると、小池さんがよく、「父親が選挙に出て、お金がかかって苦労した」と言っていることも、実情は違うように思えますね。

濵渦　彼女はよく、「父親が選挙に出て周りの人たちにたかられてしまい、その結果、経営していた会社が倒産して、一家でエジプトに逃げざるをえなかった」という言い方をしているのですが、あの選挙にかかわった私から見れば、それはウソなんです。

まったく逆で、勇二郎さんは、むしろ会社がつぶれそうだから選挙に立候補して起死回生の一発逆転をしようとしたが、その結果、惨敗しただけなんです。

結局、倒産した国際三昌物産は総会屋として知られているナミレイを経営していた松浦《まつうら》良右《りょうすけ》（朝堂院大覚《ちょうどういんだいかく》）が買い取ったようだから、彼なら経営実態を知っているんじゃないでしょうか。会社の帳簿を見れば、実際の経営状態はわかりますからね。

江本　実際の選挙戦も大変だったようですね。

濵渦　宣伝カーには「会長石原慎太郎、専務理事小池勇二郎」と大きく印字されて、宣伝カーから流す文句も、ひたすら「慎太郎、勇二郎、慎太郎、勇二郎」と言って回るだけなんです。

本人がマイクを持って街頭に立って演説することもない。まるで石原慎太郎、裕次郎の兄弟が選挙をしているかのように有権者を錯覚させるように、繰り返して回っているだけなんです。

江本　石原兄弟がかかわっているんじゃないかと思わせるわけですね。

濵渦　私は宣伝カーでカラスをずっとやっていましたから。本人は街頭演説なんか一回もやらなかったから、勝てるわけがありません。

江本　石原ブランドありきで、その名前をいかに使い倒すかという感じですね。

濵渦　兵庫二区は淡路島も含めた選挙区で、けっこう広いし、自治体の数も多いし、定数五の選挙区ですから人口も多い。その当時でも有権者は百五万人くらいいました。

石原さんが一九六八（昭和四十三）年の参院選の全国区で約三百万票を取りましたが、そのうち兵庫二区だけで八万票くらい得票しているんですね。

だから勇二郎さんは、「石原慎太郎と書いた八万人の票があれば当選できる」とうそぶいていました。

ただ、実際の選挙結果を見ると、八万票では足りなくて、九万票前後が当選ライン。石原さんへの票が全部入っても難しいんです。

実際には泡沫候補もいいところ。七千七十四票で供託金も没収されていますから。

勇二郎さんは関西財界がバックについているくらいのことを言っていましたが、選挙戦が始まっても誰も来ませんでした。

福田赳夫事務所から派遣された大塚《おおつか》さんっていう年配の秘書が経理担当として来ていたけれど、いつの間にかいなくなりましたね。

それと勇二郎さんが、「宝塚歌劇団に影響力がある人だから」と紹介していたおじさんもいたけれど、あとで知ったら宝塚音楽学校に娘が通っている地元の人なんですよ。

当時の衆院選は二十五日間という長丁場でしたが、結局、選挙戦最終日も、私と私が紹介した学生の手伝い、本人と鴻池さん、さらに鴻池さんの事務所の女性スタッフくらいしかいませんでした。

最終日に、午後八時に街頭活動が終わってから、支援者は誰もいなくて、事務所に残っていた鴻池さんと私と勇二郎さんで阪神電鉄の尼崎駅近くのガード下の焼き肉店に行きました。

鴻池さんにごちそうしてもらうかたちで焼き肉を食べるのですが、勇二郎さんは、まだ候補者名の入ったタスキをかけて食べている。

朝鮮系の焼き肉屋さんだから、お客さんも選挙にはそれほど関心がないし、在日の人たちには、そもそも投票権がないわけです。

そんななかでも、食事をしながら、本人は、「小池勇二郎、小池勇二郎」なんて店内で立って連呼していたから、なんだか情けなくなって、「先生、やめましょうよ」と鴻池さんが諫《いさ》めました。

私は生涯でたくさんの選挙にかかわりましたが、いちばん悲惨な選挙でしたね。

いま振り返ってみても、「よく七千票も出たなあ」と思いました。

江本　その話を聞くと、そう思ってしまいますね。
濵渦　小池家は、いつもそんな感じなんです。

「ウソも百回言えば本当になる」

濵渦　百合子さんの兄にあたる勇くんは一時、外でだけ「康弘」と名乗りを変えていることがありました。勇二郎さんは中曽根康弘とつきあいがあることが自慢だったから、そういうふうに名乗らせていたのでしょう。

つねにハッタリ体質というか、虚勢を張ったり、相手にすぐわかるようなウソをついたりするんですよ。

よく勇二郎さんは、「自分は海軍で大尉だったんだ」と語っていました。私の父親も職業軍人で海軍の大尉だったから、一度聞いたことがあるんです。「先生は、よく海軍で○○に行っていたと言っていますが、うちのオヤジから聞いた話と違うんですが……」

こちらは、それほど悪意もなく、ちょっと確認させてもらおうくらいの気持ちだったんです。まだ学生ですからね。

そうすると、「ケケケケ……」と笑ってね。「濵渦くん、ウソも百回言えば本当になるんだよ」って。ある種の名言なのかもしれないけれど、勇二郎さんはそうやって生きてきたんでしょうね。

私はまだ学生で世間知らずだったから、幻滅しながら、「人生ってそんなものかな……」と思ったんです。

だから小池都知事も子どものころから勇二郎さんのそういう話をさんざん聞かされて育ったんじゃないかな、と思うんです。「ウソも百回言えば本当になる」と繰り返し教われば、ウソをつくことに罪悪感なんて感じないでしょうから。

勇二郎さんは二〇一三（平成二十五）年五月二十四日に亡くなられて、帝国ホテルで行われたお葬式にも僕は行きましたよ。

お兄さんの勇くんの話になって、いまも日本のＯＤＡ（政府開発援助）の関係の仕事をしているようでしたね。

それと、自民党が野党に転落していた時代、小池百合子が、二〇一〇（平成二十二）年九月から二〇一一（平成二十三）年九月まで自民党の総務会長をやっていたときがありました。

私は東京都の副知事を辞めて有楽町の東京交通会館の副社長でしたが、連絡があって、「兄が会いたいって言っているから、来てくれないか」と言うわけです。

総務会長は永田町の自民党本部に部屋があるので、そこに行くと、勇くんがモンゴル政府の関係者を連れて待っていた。

おそらく相手方の信用を得るために東京都の元副知事だった私の名前を使いたかったのでしょう。あの一家は何か目的がないと、そんなことしないからね。

勇二郎さんも一を百にして話すんです。ものすごく親しい人で、自分のためならなんでもやってくれる人として勇二郎さんから紹介された人に会ってみると、まったくそんなことがなかったりする。

関西では「大風呂敷」というあだ名で呼ばれていたみたいですね。

一度、質問をしたことがあるんです。「大風呂敷ですね?」って。そうしたら、「大風呂敷はな、包んだら、ちゃんと使えるんだぞ」ってケロッとして言っていましたよ。

なんだかんだいって、いま思うと、世間知らずの若い青年を懐柔したり、なだめすかしたりする手練手管には長《た》けていたんでしょうね。

私は高知から出てきた純粋な田舎者だったんですよ。

江本　勇二郎さんの選挙を手伝ったのは、その一回なんですか？

濵渦　一回だけです。なぜなら、その選挙にボロ負けしたら、日本からいつの間にかいなくなったんです。夜逃げするようにエジプトに行ったので、私や鴻池さんは置いてけぼりで。結局、鴻池さんが選挙の後処理やら何やらをやる羽目になっていましたよ。

鴻池さんと二人で文句を言いながら片づけていましたから。落選して、そのまま逃げたからね。

江本　二人とも災難ですね。

濵渦　ええ。でも、鴻池さんは、そういう恨み節を表に出さない人なんです。

そのあと、小池百合子が一九九二（平成四）年の参院選に細川護熙から誘われて日本新党から出たときも、知り合いに引き合わせたり、地元を連れ回したりして、あげているんです。

でも、小池はその翌年の一九九三（平成五）年の衆院選に鴻池さんの選挙区の兵庫二区から出馬するんです。鴻池さんの支持者もはがされちゃったりして、鴻池さんは定数五のところで次点で落選してしまうんです。

江本　ひどい話ですね。

濵渦　落選後に態勢を立て直して戸別訪問に力を入れて、小池に勝てるだけの態勢を整えたんだけれど、鴻池さんは参議院に鞍替えすることになるんです。

衆議院議員としての復帰を目指してもうまくいったと思うし、そのまま続けられれば衆議院議員としていい位置まで行けたとは思うけれど。ただ、鴻池さんは小池について、ひとつも恨み言を言いませんでした。そういう人なんです。

もちろん内心では、はらわたが煮えくり返っていると思いますよ。

二人で飲むときは、たまに文句も言っていましたから。ただ、その一方で、「新天地の参議院で国家のために役割を果たすか」なんて言っていました。

恩を受けた河本敏夫さんが亡くなったあとは兄貴分の麻生太郎さんの派閥に入って防災担当大臣や官房副長官などを歴任したから、いい政治家人生だったんじゃないかと、私は思っています。

カイロ大学の教科書を日本語で丸暗記

江本　小池さんたちがエジプトに行ったあとも交流はあったんですか。

濵渦　石原さんが衆議院議員に転じて一年か二年がたったくらいのころ、勇二郎さんから電話があったんです。

「会ってくれ」と言われて、「相変わらず勝手な人だな」と思って、銀座《ぎんざ》の三笠《みかさ》会館で会って、すき焼きをごちそうになりました。

小池百合子の兄の勇くんもいましたね。彼は、そのときも「康弘」を名乗っていました。その帰りに、「これ、君ね。健康にいいんだよ」と四角く包まれたコンソメをくれましたね。

そのときに勇二郎さんが話していたのは、「百合子がいま、エジプトのカイロ大学に通っているけれど、全然エジプト語がわからないから、向こうの本をまるまる日本語に訳して、その訳書を持っていって、日本語で丸暗記させるんだよ」なんて言っていた。

そのときから、そんな調子だったんだ。

江本　困ってお父さんに泣きついていたのかもしれませんね。

なぜ豊洲問題で「悪代官」と批判されたのか

濵渦　私は江本さんが、このまま政治の世界から引っ込んでしまうのは、もったいないと思っています。

本当なら、二〇二四年七月の都知事選で、小池を倒す候補者になってほしいくらいでしたよ。

江本　私は東京都庁に都議会を傍聴しに行ったこともあるんですが、あれはなんなんでしょうね。

上の傍聴席から見ていたけれど、都議会議員たちは質問するとしても、ただ書かれたものを読み上げているだけ。「東京都はこれでいいのか」と思いましたよ。

いずれにしろ、濵渦さんも僕も、五十年近く東京にいるけれど、東京を思う気持ちは江《え》戸《ど》っ子《こ》以上だと自負しています。思い入れは誰よりありますよ。「東京を、さらによくしてもらいたい」と思っていますね。

先日も私のYouTubeの番組で東京都の百条委員会に出席されたときのことについて話してもらいましたが、あれもおかしな話でしたね。

政治を一種のショー化しているというか、基本的には人民裁判みたいなものでしょう。いかにも小池都知事側に何か正義があるかのように見せかけるだけで、結局、何もないんだから。

濵渦　連日、大げさに取り上げられたことによって、おかげさまで一躍、「悪代官」として有名になりましたよ。

でも、実際に豊洲での営業が始まってから、自分でも足を運んでみたのですが、大盛況なんです。

なかには、「見てよ。この繁盛ぶり。この調子だと将来、濵渦さんの銅像がここに立つよ」と言ってくれた人までいました。

築地から豊洲への移転の話自体が、そもそも交渉が成立した当時は、「よく難題をまとめあげたね」とほめられたくらいなんです。

江本　東京都にしてみたら、長年の懸案事項だったわけでしょう。

濵渦　石原さんが知事になる前から、担当の副知事がずっといて、これまでの歴代の担当者は、みんなギブアップしていたんです。結局、それで私のところにお鉢が回ってきたんです。

江本 石原さんにしてみたら、困ったときの濵渦頼みですね。築地の移転問題のときは、どのように頼んできたんですか。

濵渦 「濵渦よ、ああいう荒っぽい仕事は役人にはできない。ああいう仕事はお前がやれ」と言われたんです。

副知事になってからでしたけれどね。それでやり始めたんです。

小池は「築地は守る」とか言い始めましたが、あれも大ウソつきです。

実際に彼女の人生はウソの上にウソを積み上げてきたもの。たびたび報じられているカイロ大学卒業のキャリアの話だけじゃありません。

こういう言い方はあれですが、彼女に騙《だま》された男はいっぱいいますよ。

彼女がキャスターを辞めて日本新党から国政に出るきっかけになった細川護熙も、新進党と自由党時代に側近を務めた小沢一郎も、自民党に入ってから世話になった小泉純一郎もそう。

小池は時の権力者を見分けて、そこに取り入る嗅覚が抜群なんです。

二階俊博《にかいとしひろ》元幹事長とも蜜月関係でした。もともと二人は新進党、自由党、保守党などで一緒でしたからね。

いまは自民党東京都連の実力者だった萩生田光一《はぎうだこういち》に食らいついている。

でも、萩生田さんも都連の会長を辞任したから、今後はどうなるかはわからない。ただ、彼女のことだから、きっとまた、次の実力者を見つけてくるでしょう。

私の知り合いに警察庁に勤めていた方がいて、彼は駐在武官としてアラビア語の勉強をしていました。

でも、「しゃべるのはできるけれど、書き言葉は難しい」と、よく言っていました。朝鮮語と同じで、目上や目下によって使う言葉が全部違うから、覚えるのが大変なんだそうです。

話し言葉は、「こんにちは」「さようなら」とかで同じですが、文語体がまったく違う。だから、しゃべることができても、読めないらしいんです。

文字のつくりも違うので、アラビア語圏でそれができるのは、よほど知的レベルの高い人たち。政府の高官とかエリートの人たちなんですね。

だから外交関係の交渉ごとでも、しゃべっている人がいて、その横に文章を書いている人がいたら、書いている人のほうが本物で、力のある人になるんです。話していることを通訳が訳すわけですが、仲間うちでも書いて回すようなことがあるというのが、その駐在武官が教えてくれたことなんですよ。

小池がエジプトにいた若いころ、ルームメイトだった北原百代《きたはらももよ》さんの寄稿「カイロで共に暮らした友への手紙」が月刊誌『文藝春秋』二〇二四（令和六）年五月号に掲載されましたが、彼女が主張するように、まったくダメなんだと思うよ。

そもそも彼女がアラビア語を話しているのを聞いた人がいないんだから。

リビアのカダフィ大佐が昔、日本に来た際にも通訳をしたといわれているけれど、あの話も石油商人の父親の勇二郎が箔《はく》づけのために計らったようなもの。彼女は後ろにくっついて英語しかしゃべってないんです。アラビア語は全然しゃべっていない。

ただ、それがフジテレビを中心としたメディアがカイロ大学首席卒業の女性がカダフィ大佐の通訳をしていたというニュースにして、何か価値があることのように持てはやしていったわけです。

江本　カイロ大学を首席で卒業するなんて、めちゃくちゃ難しいはずですよね。アラブ世界では、いちばん難しい大学なんですから。

濵渦　実際に日本人がそれを達成するってことは、ありえないんです。日本から行って卒業した人がほとんどいない。『女帝　小池百合子』（文藝春秋）を書いた石井《いしい》妙子《たえこ》さんから話を聞いたことがあるけれど、「カイロ大学を卒業した日本人を、ひとりしか知らない」と語っていましたよ。東京外国語大学を卒業した語学のスペシャリストでも卒業するまでに十年かかる難解さだと言っていました。

鳥越俊太郎を「病み上がりの人」呼ばわり

濵渦　残念ながら、いまさらこんなことを言ってもしょうがないけれど、彼女には虚言癖があるというか、病的にウソをつく性分の人なんです。メディアがもっと指摘して報じるべきだと思うけれど、騙されている人も多いですね。

彼女のことで、いちばん僕がびっくりしたのは、ジャーナリストの鳥越《とりごえ》俊太郎《しゅんたろう》さんが二〇一六（平成二十八）年六月の都知事選に出馬したときです。

江本　小池都知事が初当選した選挙ですね。増田寛也《ますだひろや》さん（総務大臣、岩手県知事などを歴任）や鳥越さんが対抗馬でした。

濵渦　鳥越さんは過去にがんを患ったことがあって、いわゆる「がんサバイバー」なわけですよ。

江本　私と同じですね。

濵渦　小池は街頭演説の場で、そのことまでも鳥越さんへの攻撃材料にしたんです。選挙で相手候補の政策を批判したり、なかには人格攻撃やスキャンダルを突いたりすることもあるでしょう。

しかし、小池は、「病み上がりの人をただただ連れてくればいいというものではないんです」とまで発言したんです。

鳥越さんはテレビの討論番組に出演した際に、そのことを直接、小池本人に「街頭演説のなかで『病み上がりの人を連れてきてどうするんだ』と言われましたか？」と質したんです。

でも、小池は笑いながら、「言ってないですよ」と否定するだけ。いくら問われても「記憶にないですよ」と繰り返していました。

鳥越さんは、その様子に声が裏返って、「えーっ」と驚いていました。椅子から転げ落ちるくらいだったんじゃないかな。そういうふうに、自分に都合の悪い歴史をないことにしていいるんです。

江本　豊洲への移転に反対した「築地女将《おかみ》さん会」の人たちも「騙された」と言っていますね。

濵渦　彼女たちも怒っているよ。小池は、前は記者会見で「築地は守る、豊洲は生かす」なんて言って、豊洲に加えて築地にもうひとつの市場機能を持った施設をつくると言っていたけれど、結局、何もしていないからね。

江本　そういうのを挙げていったら、きりがないですね。

濵渦　だから小池の周りの人たちもかわいそうだと思うよ。一度、騙された人は、もう騙されまいと思うけれど、そういう人は小池のほうから近くに寄せつけなくなるんだ。
　ちょっとこれは手応えがあるなとなると声がかかってくるよ。この人は「利用できる」「価値がある」となったらね。
　でも、少しでも「自分のことを疑い始めているな」と思ったら排斥する。マスコミのなかで、周りをたえず利用してのし上がってきた人だから。

江本　損得勘定が本当に速いのでしょう。

濵渦　本当にそれしかないんですよね。お父さんの勇二郎さんが、そういう人だったから。

「都民ファースト」ではなく「自分ファースト」

江本　小池さんが最初に出馬した一九九二（平成四）年の参院選は、私がスポーツ平和党から当選したときと同じなんですよね。

濵渦　その参院選のときも、勇二郎さんから「新阪急《しんはんきゅう》ホテルにいるから。来てくれないか」と言われて会ったんです。

なんだろうと思っていると、「百合子が日本新党から選挙に出るから、手伝ってくれないか」と言われました。さすがに、こっちも「あなたは昔、僕を一回、騙したでしょう。また騙すんですか。私はやりませんよ」と言い返しましたよ。

そのときは鴻池さんの政策秘書だったかな。

「手が足りないから紹介してほしいなら、何人か紹介しますよ」とは言いましたが、勇二郎さんは謝ったりすることなく、ケロッとして平気な顔をしているんだ。「よく俺に頼めるなあ、このオッサンは……」と思いましたよ。

江本　過去に一度、騙したことを反省するどころか、気にもしないわけなんですね。

濵渦　全然そんなことを気にしない。あるいは「騙しやすいから、こいつだったら、もう一度……」くらいに思っているんだろうね。

勇二郎さんは、私なんかは純粋なバカだと思ったんだろうね。純朴ではあったけれど。

江本　小池さんも環境大臣時代からつきあいのある都民ファーストの会の元政務調査会事務総長の小島敏郎《こじまとしろう》さんに告発されていますからね。

濵渦　勇二郎さん譲りで「自分ファースト」なんだ。ただ、マスコミの扱いがうまいからね。気に入らないことがあったら、「取材を受けない」と言って脅すわけ。

それと都庁を担当している記者クラブの記者はレベルが低い。どの社も社会部の記者のトップは警視庁担当になるから、敏腕記者はそっちに集まっている。都庁クラブにいる記者たちは行政が発した情報をそのまま垂れ流すだけなんです。検証なんかいっさいしない。

だから小池は言いっ放しだよ。

鳥越さんにやったように、聞かれて都合が悪いことは答えなければいいんですから。そういうのは彼女の得意技になっている。いつも犯罪者を追っかけている警視庁の記者に対しては、そうはいかないと思うけれどね。ウソをついているんじゃないかという感じで疑ってかかってくるから。

江本　サツ回りの記者たちは、たえず裏を取るのが仕事ですよね。

濵渦　そこが違いますね。

乙武洋匡の支援で終焉を迎えた「小池劇場」

――二〇二四（令和六）年四月二十八日に行われた衆議院の東京十五区の補欠選挙では、立憲民主党公認の酒井《さかい》なつみが四万九四七六票を獲得し、二万九六六九票を獲得した次点の須藤元気《すどうげんき》を大きく上回って初当選を飾った。

日本維新の会公認の金澤結衣《かなざわゆい》は二万八四六一票を獲得したが、三位で落選。国政初挑戦の日本保守党公認の飯山陽《いいやまあかり》は二万四二六四票で四位だった。

その一方で、小池都知事の全面的な支援を受けた乙武洋匡《おとたけひろただ》は過去に週刊誌に報じられた不倫スキャンダルの印象を拭うことができず、一万九六五五票で五位に沈んだ。乙武の惨敗ぶりは、都内各地の選挙で自身が支援する候補者をたびたび勝たせてきた小池の神通力にもかげりが見えてきたかのようであった。

江本　小池都知事は乙武さんの高いその知名度にひかれたんですかね。

濵渦　さすがに、そんなことはないと思います。乙武さんの知名度はマイナスでしかない。五人の女性との不倫を報じられた人物は創価学会の婦人部が絶対に応援しませんよ。

何か背後に理由があったのでしょう。

乙武さんを立てるくらいなら、自分で立候補したり、以前に参院選で落選した荒木《あらき》千陽《ちはる》を擁立したりしたほうがよかったくらいのことは思っているはずですよ。

江本　勝てるとは思いませんでしたが、乙武さんを応援せざるをえないような、しがらみがあったのかもしれませんね。

濵渦　創価学会婦人部がいやがっても、乙武さんを支援することによって得られるメリットがあったのでしょう。彼女も七十二歳ですから。自分の今後の人生について考えているはず。きっと、この行動を取ることによって、大きなメリットがあったのでしょう。

江本　自民党からの推薦を乙武さんが断ったこともニュースになっていました。

濵渦　そのほうが自分にとってメリットがあると判断したのでしょう。

乙武さんが、どういう人たちの支援を受けているのかわかりませんが、事前調査の数字を見て取りやめることだってできたはずなんです。

とくに小池は広告代理店の電通《でんつう》と強いコネクションを持っているから、その数字をもとに告示前に乙武さんを引っ込めることもできたはず。乙武さんではなく、荒木や別の候補者を立てれば、また違う戦いになったかもしれません。

選挙は、よく、「立候補するまでに時間がない」といわれますが、それはウソなんです。立候補すれば、相手陣営も結果的に宣伝してくれます。ただ、早くから立候補を表明して活動すると粗を探されてしまう。

だから粗が見つからないようにギリギリまで粘ってからステルス作戦で立候補するケースもあります。

東京十五区には公選法違反で辞職した柿沢未途《みと》がいたけれど、接点を持った陣営もあったかもしれません。

本当に選挙に勝とうとするなら、接点を持つべきなんです。あの選挙区は長年、秋元《あきもと》司《つかさ》と柿沢がケンカをしていて、さらに区長選に出馬して落選した山﨑一輝《やまざきいっき》もいた。

彼と話をしたら、「僕は都議会に復帰して一から頑張りたい」と言っていたけれど、七月の補選で落選してしまったね。

「小池三選」の背後で蠢く魑魅魍魎

——二〇二四（令和六）年七月七日に行われた都知事選は現職で三期目を目指す小池の圧勝に終わった。

小池は二九一万八〇一五票を獲得。二位で一六五万八三六三票の石丸伸二《いしまるしんじ》（前広島県安《あ》芸《き》高田《たかた》市長）、三位で一二八万三二六二票の蓮舫《れんほう》（元民進党代表）らに大きく差をつけた。

江本　濵渦さんは今回の都知事選の結果は、どう見ましたか。

濵渦　おもしろくなかったね（笑）。都知事選のような大型選挙はスタートでほぼ決まるんです。候補者の顔ぶれが確定して、どの団体が支援するかで、結果は見えているわけなんです。

たとえば今回では小池を実質的に応援したのは自民党と公明党、都民ファーストの会の三党。

この三党で都議の議席のどのくらいを占めているかといえば、三分の二ほどです。

一方で、蓮舫を支援した立憲民主党と共産党の都議会の議席を合計しても定数の三分の一にも満たない。蓮舫自身に知名度はそれなりにありますが、基礎票が倍以上違うわけですから、この時点で勝負は決まっているんです。

その差を乗り越えて勝つためには、まったく毛色が違うようなインパクトのある候補者が出ないといけません。

それこそ江本さんのような、有権者が驚くようなインパクトの強い人ですよ。

江本　蓮舫さんが参議院議員を辞職して挑戦しました。最初は話題になりましたが、それほど票は伸びませんでしたね。

早いうちから共産党と組んで戦っていて、共産党名で蓮舫さんを応援しているチラシが全戸に配布されましたが、あれもマイナス効果だったようですね。

濵渦　ちょっと共産党が前面に出すぎでしたね。

なぜ、そうなったかといえば、立憲民主党東京都連を仕切っている幹事長の手塚仁雄《てづかよしお》は、もともとあまり選挙に強くなくて、民主党が政権から転落して以来、ずっと浪人していたんです。

でも、二〇一七（平成二十九）年の衆院選のときに希望の党騒動のどさくさで立憲民主党が結党されると、共産党とも協力するようになり、比例復活でひさびさに国政復帰をしたんです。

さらに、前回の二〇二一（令和三）年の衆院選では小選挙区でも十二年ぶりに勝利している。

手塚幹事長は共産党の協力が自分の政治生命に直結しているから、彼はなんとしても野党共闘を続けたいわけです。

それで東京は小選挙区が次の衆院選から五選挙区増えて一気に三十選挙区になる。このうち立憲と共産が組めば、どのくらいの選挙区で勝てるのか。都知事選はそれを調査するための格好のモデルケースになるわけです。

江本　手塚さんとしては蓮舫さんを当選させることが目的ではなかったと？

濵渦　はい。誰でもいいから候補者を立てて立憲と共産で応援すれば、衆院選に向けた実戦の経験が積めるわけです。

ポスターを貼ったり、ビラを配ったり。

自民党も選挙区が増えるのは同じですから、同じことをたくらんでいたみたいですが、小池に表立っての応援を断られてしまい、それができなかった。

だから自民党は衆院選の予行演習ができなかったわけです。

一方で、立憲は蓮舫本人の得票はイマイチでしたが、衆院選の予行演習はできました。手塚幹事長としては大成功だったんじゃないでしょうか。私は手塚のファインプレーだと思っています。

江本　無名ながら、急激に得票を伸ばして二位になった石丸伸二さんはどう見ますか。

濵渦　なんとなく不満があって、あまり入れたい政党がない。かといって小池にも入れたくないという人たちの票が集まったのでしょう。ほかに行き場がなかった。

蓮舫に投票するのは共産党に投票するのと同じに感じた人もいたでしょう。魅力的な候補者は探してもいないわけです。

そういう行き場のない人たちの票が、少しずつ石丸に集まっていった印象ですね。

僕は有力な候補者の街頭演説はひと通り聴いてみましたが、石丸には聴衆が抜群に集まっていた。とくに動員されている雰囲気もなさそうだから、最初はどこから来ているのかなと思いましたよ。

若いネット世代ばかりかなとも思ったけれど、中高年もそれなりにいるから、伸びてくる感じはありましたね。

一方の蓮舫は、人は集まっているけれど、明らかに動員。たくさん来ていたとしても、労働者風の中高年が多くて、にぎわっているようにはあまり見えませんでした。

十年ぶりに都知事選に出馬した元航空幕僚長の田母神俊雄《たもがみとしお》さんは、そもそも全然人が集まっていなかった。本人も小柄だから、どこにいるかわかりませんでしたよ。

その様子を見て田母神さんは今回は厳しそうだな……と思っていましたが、案の定、十年前より得票を半分以下に減らして、二六万七六九九票でしたね。

小池百合子が犯した最大の「罪」

——今回の都知事選では、小池都知事は選挙期間中にもかかわらず、公務と称して八丈島や奥多摩町、青梅《おうめ》市などにマスコミを引き連れて移動し、選挙活動を展開していた。

濵渦　ああいうやり方は、はっきりいって問題ですね。小池都知事は告示日から三日目に八丈島に行っていましたが、あの移動経費も、もちろん公費。選挙活動と都知事としての公務をごちゃまぜにしているわけです。

公務と称して奥多摩町役場の職員たちと接したあとに、街頭に出て小池百合子と名入りのタスキをかけて演説を始めたのもおかしかった。

現職の立場を最大限使い倒した選挙戦を展開していました。まさに職権濫用で、公職選挙法違反です。マスコミも、それを批判することなく、嬉々《きき》として普通に取り上げている。その感覚もおかしいんです。

普通は立場を使っての選挙活動は禁止されていて、公職選挙法違反なんです。

江本　かつて小池さんと行動をともにしていた弁護士の若狭勝《わかさまさる》さんも小池さんを批判していますね。

二〇二四（令和六）年五月に都内五十二市区町村長が小池都知事宛てに、「三期目を目指して立候補されることを期待し、ここに支持を表明する」という出馬要請文書を出していましたが、あの文書は小池都知事側から働きかけがあったとして、東京地検に告発されています。

この件について、小池さんは働きかけを否定していますが、若狭さんは、「たんなる容認でも犯罪となる」として立件される可能性を指摘していますね。

濵渦　若狭弁護士が指摘するように、出馬表明前に各市区町村の首長たちからの推薦状を集めて立候補の要請までさせたのは、パフォーマンスどころか公務員の地位利用ですよ。
小池の秘書が首長たちのところに出してほしいと依頼して回っているんだから、三文芝居もいいところ。やらせをニュースとして報じているようなものです。

江本　保坂展人《ほさかのぶと》・世田谷《せたがや》区長をはじめ、署名に賛同しない首長も数人ですが、いましたね。

濵渦　小池は東京都知事という立場で各市区町村に地方交付税交付金を配る立場。その制度を使って首長を脅しているようなものですよ。拒否した首長たちは度胸がありますね。

若狭弁護士も昔は小池の側近だったけれど、ちゃんと批判していますね。
むしろ小池の側近だったからこそ、彼女の問題点がわかるのかもしれない。
こういう立場を使った選挙運動は禁止されるべきもの。これを現職がやり始めたら選挙自体の正当性がなくなってしまいます。日本は中国や北朝鮮じゃないんですから。
学歴詐称についてもそうだけれど、告発されても最高裁で判決が出るまでには、早くても五、六年かかる。小池は、おそらくそのころにはたいした問題になっていないと考えているんだ。とてもずるいことであり、彼女のそういう部分が、見える人には見えていると思いますよ。

江本　なかには絶対、気づいている人もいますよ。

濵渦　町の公務員だって公職選挙法は知っています。奥多摩町の職員さんたちが、「なんで僕らが知事の選挙に動員されないといけないんだ……」と思っていても、おかしくありませんよ。

江本　普段は来ないのに選挙のときだけ来るというのも露骨すぎますからね。

濵渦　それも公費で秘書やスタッフを連れて八丈島まで行くわけですから。

江本　いかに効率よく選挙活動をやるのかを考えて違法なことをやっているわけですね。

濵渦　そうそう。訴えられると思っていないんです。この八年で都議会でも正面切って反対する勢力はほとんどいないし、マスコミも彼女のことを持ち上げはしても、悪くは書かない。有権者をナメているわけです。

江本　議会に反小池の都議もいないんですよね。

濵渦　初当選のときに対立関係にあった自民党も、「都知事の権限なんてたいしたものじゃないから、いいや」とばかりに、おとなしくなっている。彼女にとっては都合のいいことばかりなんですよ。

第7章
政界再編「第三極」と江本孟紀

1992年7月26日、東京・渋谷の選挙事務所でアントニオ猪木とともに
「ダーッ!」のポーズで初当選を喜ぶ江本孟紀。
「スポーツ平和党」はのちに日本維新の会など「第三極」と呼ばれる政党のルーツとなる
（提供：上森清二／共同通信イメージズ）

アントニオ猪木の「スポーツ平和党」からの誘い

――高知商業高校卒業後、法政大学、熊谷組を経て、一九七一（昭和四十六）年に東映フライヤーズに入団した江本孟紀は、その後、南海ホークス、阪神タイガースで活躍。プロ通算十一年で百十三勝を挙げて一九八一（昭和五十六）年に引退する。

引退後は解説者や評論家を務めながら映画やドラマ、バラエティー番組などにも出演し、タレントとして幅広く活躍していた。

一九九二（平成四）年、そんな江本に転機が訪れる。この年七月の参院選に出馬することになるのだ。

濵渦　江本さんが参議院議員になるきっかけは、やはりアントニオ猪木さんからのスカウトですか？

江本　はい。猪木さんは、すでにその三年前の一九八九（平成元）年の参院選で、「スポーツを通じて国際平和」を合い言葉にスポーツ平和党を結成し、比例区で九九万三九八九票を集めて初当選していました。

史上初のプロレスラー出身の国会議員として話題になりましたね。

猪木さんひとりの力で百万票近く集めたわけだから、すごいですよね。

この当時の参議院比例区は個人名ではなく、政党名だけを書く拘束名簿式でしたが、このときの選挙では、「スポーツ平和党」ではなく、「アントニオ猪木」と書かれた大量の無効票が出たらしいですね。

濵渦　猪木さんは参議院議員になっても活躍していましたね。

江本　ええ。一九九〇（平成二）年にイラクのサダム・フセイン大統領が日本人を含む在留外国人を国外出国禁止として事実上の人質にしたときには、猪木さんが被害者の家族を連れてバグダッドでプロレス興行を実施して、日本人の人質三十六人と在留邦人の五人が無事に解放されましたからね。

このことがきっかけになって、イラク政府がすべての人質を解放したんですから、その貢献はすさまじいですよ。

私が出馬した一九九二（平成四）年の参院選でもスポーツ平和党は三年前から大きく票を伸ばして一三七万五七九一票を獲得して一議席を確保することができ、おかげさまで当選できました。
これも猪木さんのイラクでの活躍を見ていて、それを評価した有権者が多かったからだと思っています。

濵渦　最初の参院選のときは長嶋茂雄《ながしましげお》さん（現・巨人終身名誉監督）も応援に来てくれたらしいですね。

江本　一九九二（平成四）年のときは長嶋さんは巨人の監督になるちょうど一年前で、野球解説者だったんです。虎ノ門《とらもん》の選挙事務所にわざわざ顔を出して激励してくれました。噂《うわさ》が人を呼んだのか、長嶋さん見たさに虎ノ門の交差点が超満員になったのに驚いたのを、いまも覚えています。

そのあとにも長嶋さんが顔を出したのを聞きつけたのか、当時、巨人で四番を打っていた原辰徳《はらたつのり》（のちに巨人監督）が渋谷《しぶや》のハチ公《こう》前で演説しているときに来てくれました。原は、いきなりガードレールの上に上がって僕の横でマイクを握ってくれて、十分くらいしゃべってくれたんですよ。

そのときもハチ公前で人の流れが止まってしまって、警察が出動してくるような騒ぎになっていました。あれもとんでもなかった。

原は街頭に立って、「読売ジャイアンツの許可を得ていませんが、プロ野球界の先輩を応援するのは当然だ」と言ってくれましたね。うれしかった。

翌日のスポーツ新聞にも原のスピーチ姿が大きく出たから、球団が原の事情聴取をすることになったんです。

濵渦　大丈夫でしたか？

江本　ええ。原は賢いから、「練習が終わったあとにハチ公前を偶然通りかかったら、人だかりがあって、江本さんがしゃべっているのを見て、後輩が素通りはできないので、車を停《と》めて、ひと言声をかけただけです」とうまく答えていました。

いまみたいにスマホがある時代じゃありませんからね。

しかも、そのときの巨人の球団社長が、たまたま私と同じ法政大学出身の保科昭彦《ほしなてるひこ》さんだったんです。保科さんは原の弁明に、「それもそうだね」と言ってくれて、不問に付してくれました。おおらかな時代ですよね。

濵渦　その参院選には民族派の活動家として知られる野村秋介《のむらしゅうすけ》さんも、タレントの横山《よこやま》やすしさんたちと「たたかう国民連合・風《かぜ》の会《かい》」を結成して出馬されていました。

このとき、『週刊朝日《あさひ》』で風刺イラストの連載「ブラック・アングル」をやっていたイラストレーターの山藤章二《やまふじしょうじ》が「風の会」のことを揶揄《やゆ》した作品を発表したんですよね。

野村さんは、それに抗議して、翌年の一九九三（平成五）年十月二十日に朝日新聞東京本社に赴いて中江利忠《なかえとしただ》社長たちとの話し合いのあとに拳銃で自殺しました。

江本　あの事件もショックでしたね。

じつは、私は選挙に出る少し前に野村さんと、TBSテレビの対談番組『エモやんのああ言えば交友録』で共演したことがあったんです。

そのときに野村さんが私のことを気に入ってくれて、それ以来、親交があったから、この選挙で戦うことになるとは思いませんでした。

渋谷のハチ公前は群衆が多いから、自民党も公明党も、どこの政党でも演説をしたがるのですが、街宣車がよく野村さんたちの車に追い散らされていたんです。

ハチ公前に行くと、野村さんがマイクで、大声で「お前らなら思う存分やっていいぞ」と了解してくれて、僕らはハチ公前で演説しましたよ。

濵渦　はじめの選挙だけあって、いろんな体験をされていますね。

江本　はい。ひとつだけ、いまも不気味に思っているのは、参院選の公示日の前日の朝、いつも使っている駐車場に行ったら、ワゴン車のタイヤが四つとも、そっくり盗まれていたんです。

でも、車がダメにならないように、タイヤの代わりに電話帳が置いてありました。

どういういやがらせなのかわからないけれど、すごく不気味でしたね。

誰がやったのかもわかりませんが、長い人生のなかで、こんなことをやられたのは、このとき一度だけ。選挙に出るということは、こういうことなんだなと思いましたね。普通はないですから。

こういういやがらせは、相手がなぜ、それをしたかを考えてもわからない。想像するしかありません。というか、そういう想像をさせることで、不安にさせるいやがらせなんでしょうね。

とりあえず、選挙が終わるまで家族をホテルに避難させましたよ。

濵渦　選挙になると、そういう不合理なことがありますからね。

江本　大阪の難波《なんば》の髙島屋《たかしまや》の前の広場も、大阪では選挙の際には一等地なんですが、そこで演説していると、必ず三、四人、野次り倒してくるのがいたんですよ。

最初は、こちらも知らん顔してやっていますけれど、そのうち、マイクで「じゃかましいわ」って応酬して大ゲンカになっていました。

そういういやがらせは、いっぱいありましたね。徐々に慣れていきましたが。

小沢一郎からの最初のアドバイス

——一九九二（平成四）年七月の参院選で晴れて初当選した江本はスポーツ平和党の参議院議員として、アントニオ猪木と活動をともにしていく。

濵渦　国会議員になって印象的な人はいましたか。

江本　初当選したとき、たまたま高知県選出の参議院議員だった平野貞夫さんから声をかけられました。

平野さんも、この選挙で初当選だったので、同期生だったわけです。

濵渦　当時の平野さんは竹下派の幹部だった小沢一郎さんの知恵袋のような存在でしたね。

当時の小沢さんは最大派閥の竹下派の会長代行として肩で風を切って歩いていました。

すでに海部内閣で最年少の幹事長を務めて衆院選を仕切っていて、自民党のなかでも実力者のひとりとして注目されていましたね。

江本　はい。平野さんは、その後も自民党から新生党、新進党、自由党と小沢さんと歩みをともにして、いまでも知恵袋のようですね。

もともとは衆議院事務局の職員をされていて、前尾《まえお》繁三郎《しげさぶろう》議長の秘書などを務めていたみたいですが、国会のことにも精通していて、親切にしてもらいました。同期生とはいえ、あちらは国会の生き字引のような人でしたから、いろいろ助けてもらいました。

平野さんは高知県の土佐清水市の出身。大学も私と同じ法政だったから、気にかけてくれたのかもしれません。

一度、平野さんに誘われて、小沢さんと食事をともにしたこともあります。

濵渦　小沢さんは、どんな印象でしたか？

江本　こちらは野球解説者から議員になったばかりですから、なんとなくバカにされているわけですよ。

ただ、親切なところもあって、小沢さんに、「君は何をやりたいんだ？」と聞かれて、「スポーツ振興をやりたい」と答えたら、「それなら国会のなかで野球振興議連とか、そういうグループをつくって、超党派で活動したほうがいいよ」とアドバイスしてくれました。

その結果、私は野球振興議連をつくったんです。それで与野党のいろんな議員が入ってくれて、国会内で三番目に大きな議連になりましたね。議連のお披露目《ひろめ》に、プロ野球のOBたちと試合をしたことがありましたよ。

そのころ、超党派の国会議員団で試合をする話になって、東京ドームを借りてやったこともありました。

右翼団体が街宣車で乗りつけてきて、東京ドームの周りをグルグル回って、「やめろ」と怒鳴られて。

「なんで、こんなことに」と思っていたら、「国会の開会中に野球なんか、とんでもない」と、どこかから聞きつけてきたみたいですね。

彼らが、「六時になったら帰りますから」と言うので、こちらもあまり気にしませんでした。

濵渦　江本さんと猪木さんが所属していたスポーツ平和党は、参議院では民社党と会派を組んだんですよね。

江本　あのころは、「民社党・スポーツ・国民連合」という名前で会派を組んでいました。私たちのほかに大阪府選挙区の西川《にしかわ》きよしさんや横山ノックさん（タレント、のちに大阪府知事）、東京都選挙区の森田健作《もりたけんさく》さん（タレント、のちに千葉県知事）も一緒でしたね。

私たちの会派は、どちらかといえば自民党の補完政党のような感じで、森喜朗さんが世話役で、自民党参議院の幹部だった村上正邦さんも面倒を見てくれました。

同じ会派だからということで、猪木さんに「民社党の大内（啓伍）委員長のところに行こう」と言われて議員会館の部屋を訪ねて挨拶したんです。それで部屋から出てくる際に、記者さんたちもいる前で、猪木さんが札束を手づかみでゴッソリ握っていたんです。

猪木さんの部屋に戻ったら、そのうちの三束くらいを私に渡しながら、「江本さん、議員活動に使ってくれ」と。驚きましたが、まだあのころは一連の政治改革法案なんかも成立する前で、おおらかな時代というか、おおらかすぎる時代でしたね（笑）。

いまも政治資金パーティーの裏金が大きな問題になっていますが、あのころの永田町を知っていると、かわいい話だなと思ってしまうところがありますね。

濵渦　自民党と社会党で談合していた時代の、かつての国対政治もひどかったですよ。

与党の国会対策委員の仕事は野党の国会対策委員と賭け麻雀《マージャン》をして、わざと負けて、相手に何百万円も持ち帰らせることなんです。そのお金を自分で懐に入れていた議員は出世できません。自分の懐に入れずに、党に持ち帰って子分や若手議員にばら撒いた人が、その後、頭角を現していく。国対で談合政治をしていた時代は、完全にそういうことが当たり前でした。

でも、江本さんは、そういう古い政治から少しずつ変化していくころに国会議員をやっていますね。

江本　たしかに当選した翌年の一九九三（平成五）年には小沢さんや羽田孜さんたちが新生党をつくって自民党を離党して、自民党政権が倒れて細川護熙政権が誕生しましたから。昔は自民党が政権を握っていることを誰も疑わなかったわけですから、それを考えると、けっこう歴史的な場面を目撃させてもらっていますね。

少数政党の存続を懸けた「二%条項」

――一九九三（平成五）年八月、自民党政権に代わって非自民、非共産の八党派によって細川連立政権が発足した。これによって、結党以来、三十八年間単独政権を維持し続けた自民党が初めて下野《げや》し、五五年体制が崩壊することになる。

国民からの高支持率を背景に、細川総理は政治改革に取り組むことを宣言する。

細川政権が成立させようとした政治改革四法案の審議のなかで、江本は少数政党の存続のために、ある役割を果たすことになる。

濵渦　政治改革四法が成立したことで、中選挙区制から小選挙区比例代表並立制に変わったり、政党交付金が導入されたりするなど、このときには、いまの日本政治につながるような、さまざまな改革が行われましたね。

江本さんは、このとき、政党交付金の対象となる政党要件をめぐって、国会での論戦に勝利されたんですよね。

江本　あのときは政党交付金を受け取ることができる政党要件をどうするかという議論があって、最終的には国会議員数を五人以上有する場合か、国政選挙で得票率二％以上という条件に決まったんです。

ですが、最初の案は得票率二％以上ではなく、三％以上だったんです。「もし三％だった場合は、私が所属していたスポーツ平和党はもちろん、後進の少数政党も満たせなくなる」と危機感を抱いて、国会審議などで孤軍奮闘して質問しましたよ。

やっぱり自民党をはじめ既成の政党は政党要件を厳しく設定したがるんですね。新しい政党を、なるべく厳しい環境に置こうとするんです。

濵渦　既成政党は、なるべく新しい勢力には出てきてもらいたくなかったのでしょう。
　とくに当時の政界は新党ブームもあったから、従来の枠と関係ない勢力が登場してくることを、すごく警戒していました。

江本　当時、自民党の参議院議員だった下稲葉耕吉《しもいなばこうきち》さん（のちに橋本内閣で法務大臣）が僕にあるアドバイスをしてくれたんです。

「江本くん、この条件のままで法案が成立してしまったら、君が所属しているスポーツ平和党をはじめとした小さな政党は要件を満たせないよ。だから、いま議論されている政党要件よりハードルを下げないとダメだ。少数政党が困るわけだから」
　下稲葉さんは自民党のベテラン議員の方でしたが、法案の問題点が見えていたんでしょうね。しかも、それを私に指摘してくれたわけです。
　このままじゃいけないと、私も慌てて、どのくらいまで引き下げるべきかを考えて、三％を二％にするように訴えたんです。
　このときに、もし三％どころか、もっと厳しい条件になっていたら、この三十年で誕生した新党の多くが苦しくなっていたと思います。

濵渦　重要な局面でしたね。

江本　最終的に、私はスポーツ平和党を代表して細川政権を支えるほかの五党派（社会党護憲民主連合、新生党、公明党、民社党、さきがけ日本新党）を説得して政治改革法案を修正するための確認書を取り交わしました。

その確認書の項目の一番目に、〈公職選挙法の一部改正案、政治資金規正法の一部改正案、政党助成法案における「政党要件」の得票率要件及び比例代表選挙の阻止条項の３％については、これを２％とする〉という文言を入れてもらったんです。

濵渦　その確認書を見ると、錚々たるメンバーが署名していますね。新生党の小沢一郎、社会党の久保亘《くぼわたる》、公明党の市川雄一《いちかわゆういち》、さきがけ日本新党の園田博之、民社党の米沢隆《よねざわたかし》、そしてスポーツ平和党の江本孟紀。政治改革の議論のなかでも歴史的な文書ですよ。

結果的に、そのときの政党要件が現在も残っているわけですからね。現在も参政党のように二％条項をクリアすることで政党交付金を受け取って活動している政党があるわけですから。これは当時の江本さんの働きのおかげでもあるんですよ。

江本　そのあと三十年、誰ひとりとしてお礼を言ってきた人はいませんが、私なりには国会議員として果たした仕事のひとつではあるんです。

この確認書を見ると、ほかの人は党の印鑑を押しているのに、私だけ自分の会社の江本エンタープライズの社判を押してしまった（笑）。

とはいえ、これは私にとっては国会議員としての自慢話で、「お前は国会で何をしていたのか」と問われたら、やはり、「サッカーくじ（スポーツ振興投票）」を成立させたことと、この二％への条項の引き下げなんです。

だから、いままでも「政治改革の議論が行われたときに、少数政党が不利にならない制度にするために頑張りました」と胸を張って言えますよ。

濵渦　実際に、もし政党要件がもっと厳しかったら、政党交付金を受け取れずに解散に追い込まれた新党がもっとたくさんあったかもしれないし、政界に新しい血が入りにくくなっているはずですよ。

元野球選手が「サッカーくじ」の音頭を取った理由

――江本が参議院議員になった翌年の一九九三（平成五）年、日本初のプロサッカーリーグであるＪリーグが開幕する。

その後、海外のトトカルチョを参考に、日本でもスポーツ振興の財源確保のために「サッカーくじ」を導入しようという動きが起き、江本は国会議員として、「スポーツ振興投票の実施等に関する法律（通称・サッカーくじ法）」の成立に向けて尽力することになる。

導入が諮られてから法案成立までに足かけ五年がかかった、江本にとっては大きな仕事となった。

濵渦　一九九八（平成十）年五月十二日に成立したサッカーくじ法は当初、公営ギャンブルの一種と見なされて、各方面から批判を浴びて、導入まで苦労されていましたよね。

江本　一九九三（平成五）年にJリーグが開幕してJリーグの初代チェアマンの川淵三郎《かわぶちさぶろう》さんが国会に来て、「日本でも『トトカルチョ』をやりましょう」と呼びかけて、スポーツ振興の財源のひとつになるならと思って、率先して取り組むことにしました。

議連の会長は麻生太郎さんが就任して文教族の森喜朗さんと一緒に取り組んでいました。スポーツ振興議連でプロジェクトチームをつくろうという話になっていく。当時、僕は野党側の理事のような立場で、与党側の理事の馳浩《はせひろし》さん（元プロレスラー、現・石川県知事）と一緒にやることになりました。

麻生さんから、「お前らが二人でやっていけ」と言われて取り組みましたよ。

ただ、導入までは大変でした。どうしても新たなギャンブルの一種と見られて、共産党や日本弁護士連合会（日弁連）、日本ＰＴＡ全国協議会などから反対され、扇千景《おうぎちかげ》さん（のちに国土交通大臣）にも、ずいぶん意地悪されました。

国会への法案提出が三回も延期されて、成立までに五年もかかってしまった。

振り返ってみれば、その点では、自分は、「自民党にうまいことやられた」と思っています。

やっぱりプロ野球選手出身の自分は法案の先頭に立たされて、「噛《か》ませ犬《いぬ》」のような立場になってしまった。

濵渦　それは大変でしたね。

江本　さっき挙げた団体からはもちろん、反対派からの抗議は全部私の事務所に殺到していたんです。反対派の急先鋒の日弁連会長と『読売新聞』の紙面で討論したこともありました。

しかし、一度進めた以上、あとには引けません。ただ、プロ野球の十二球団に導入について聞くと、オーナーたちが、みんな反対。

私のことも、「野球選手だったくせに、サッカーの肩を持つのか」みたいなことを言われました。早い話が無知なんです。トトカルチョの意味をまったくわかっていない。球団のオーナーには、その程度の知識しかないから、誤解をひもときながら説得していくのが大変でした。

濵渦　私が国会議員としての江本さんを評価しているのは、やっぱりサッカーくじ法を成立させたからなんです。

国会議員のいちばんの仕事は、何より法律をつくること。選挙区に公共施設を誘致したり、官庁に便宜を図るよう働きかけたりするなどといったことではありません。

政党交付金の件もそうだし、サッカーくじ法もそう。その法律ができたから、現在のスポーツ界があるわけですからね。

江本　サッカーくじ法は一九九三（平成五）年から動き出して、一九九八（平成十）年五月十二日に成立するまで五年もかかりましたから、とにかく朝から晩まで大変でしたよ。

当時はギャンブルだと見なされて、「スポーツに博奕《ばくち》を持ち込むな」と、さんざん批判されましたから。

それでも、とにかくこれを「成立させたい」と与野党の実力者たちにかけ合い、なんとか委員会を通過させて、最後に上程するわけです。

しかし、そこでもまたやっかいなことが起きた。賛成反対の議決を取る衆議院の文教委員会の委員長は田中眞紀子《まきこ》さんでした。

彼女は、そのころ、通称・マッキー法案といわれる介護等体験特例法を成立させようとしていました。

この法案は教職員が義務教育課程の免許を得る際に介護などの体験を行うことを義務づける法律で、みずからが父の田中角栄さんを介護した体験を反映させた非常に思い入れの強いものだったんです。

濵渦　眞紀子さんと舛添要一の介護体験の話はウソばっかりですよ。

江本　ただ、そのマッキー法案が、委員長権限でサッカーくじ法案より優先されそうという話を聞いたので、参議院の文教委員会の理事会で自民党側に文句を言いました。

「あんなものを、どう考えても、先にやるのはおかしい」

私は委員会の質問でも言及しました。

すると眞紀子さんが、どこかでそれを聞きつけたみたいなんですね。

「参議院の江本がゴチャゴチャ言っていて、マッキー法案に反対するみたいだぞ」と。

それで、あるとき、参議院の文教委員会の審議中に衆議院議員の眞紀子さんが乗り込んできたんです。

眞紀子さんは私のすぐ近くまで来ました。もう三十センチも離れていないところに眞紀子さんの顔がありましたよ。

それから耳元で「あなた、わかっているでしょうね」と脅されたんです。私も圧力に屈して、つい「はい」と言ってしまった。あれは眞紀子さんの迫力に完全に押し切られましたね。

結局、マッキー法案のほうがサッカーくじ法案より優先で審議されることになりました。いわゆる国対政治ってやつですね。そういうことも体験させられました。

濵渦　当時の江本さんは民主党に所属されていましたね。

江本　はい。民主党にもいろんな議員がいましたが、それでも、いざ本会議では賛成してくれる人も多かった。ただ、自民党も民主党も党議拘束はなかったから、鳩山由紀夫《ゆきお》さんも菅直人さんも棄権していました。

自民党がほとんど賛成でしたから、かろうじて法案は成立しましたが、民主党のなかにサッカーくじ導入に向けて熱心に動いている議員がいるにもかかわらず、薄情だなと思いました。

ただ、このサッカーくじは自民党の利権になってしまいましたね。

僕なんか五年も頑張ったのに、本当にただただ法律を通しただけ。「嚙ませ犬」としてギャンギャンそこらじゅうからの批判の矢面に立って、古巣の野球界からもボロクソに言われたりして……利権どころか損したくらいかもしれません。

でも、そういうのが国会議員の役割なんですよね。百人全員から感謝される法律をつくるのは難しい。

ただ、サッカーくじ法案を成立させたことを、いまでもほめてくれる人もいます。濵渦さんと川淵さんですよ。

サッカーくじ（toto）の販売が始まってから二十年以上がたちますが、ずいぶん普及しています。

二〇二三（令和五）年度の売上は約千二百三億円で、二〇二一（令和三）年度の千百三十一億円を上回る過去最高額です。景気に左右されて売上の増減はありますが、始まった当初から比べれば、倍近い売上になっています。

収益のうち三分の一が国庫に納められ、三分の二が選手や指導者の育成、グラウンドの芝生化、地域のスポーツ施設の整備など、スポーツ振興のための助成や、スポーツ団体やオリンピックへの支援にあてられています。

振り返ってみると、サッカーくじは、スポーツ界に多少は貢献しているかなと思っています。

濵渦　ギャンブルは批判もされますが、公営化されることで透明化され、暴力団が関与するような違法な賭博の減少にもつながります。意義のあることですよ。

それだけでなく、年間千二百億円規模の事業の立ち上げにかかわったわけですよ。相当なものですよ。

江本　濵渦さんとはまた違った達成感かもしれません。濵渦さんは日本の政治の本筋を動かす人ですが、私は縁があって少数政党の議員からスタートして、ほとんどの期間が野党でした。

自民党の王道政治も重要ですが、僕のように、それとは少し異なった小回りがきく政治も必要だったと思っています。

政界とのパイプが生きた「プロ野球ＯＢクラブ」設立

濵渦　江本さんはプロ野球選手のＯＢなら誰でも入れる組織をつくってアマチュア球界とプロ球界との交流などにも尽力してきたんですよね。

江本　プロ野球選手の引退後の生活問題というのは、ずっと昔からあったんです。引退後も安定した生活を過ごせるのは現役時代に二百勝や二千安打を達成できた選手のための「名球会」に入れるような選手だけ。ほとんどのＯＢはセカンドキャリアで苦労してきたのが実態です。

私は、そういう状況を少しでも変えることができればと、一九九四（平成六）年に日本プロ野球ＯＢクラブを発足させて、その二年後の一九九六（平成八）年には、文部省から公益社団法人全国野球振興会の設立許可を得て、さらに発展を目指してきました。最初は元巨人監督の川上哲治《かわかみてつはる》さんに会長を務めてもらい、僕は事務局長を担当しました。プロ野球ＯＢクラブは現在も活発に活動を続けていて、千三百名の元選手が所属して、プロとアマの交流などに取り組んでいます。

最近はだいぶ活発になってきましたが、昔はプロ野球選手が引退後にアマチュア球界でアマチュアを指導することができなかったんです。私たちは関係改善を目標にコツコツとやってきました。

いまではプロとアマの垣根がだいぶ低くなってきましたが、これもプロ野球ＯＢクラブの地道な活動があったからこそ。

私が参議院議員だったことも、文部科学省をはじめとした関係各所と話をするうえでは役に立ったんじゃないかと思います。

スポーツ平和党離党と「第三極」の胎動

――初当選以来、スポーツ平和党の議員として活動してきた江本だったが、一九九五（平成七）年の参院選で江本を政界に誘った猪木が落選してしまう。

猪木という議員活動に欠かせない盟友を失った江本は一九九〇年代（平成二～十一年）の政界再編のなかで、結果的にいくつかの政党を渡り歩くことになる。

濵渦　一九九五（平成七）年の参院選でスポーツ平和党の猪木さんが落選してから、江本さんはひとりになってしまったんですね。

江本　はい。一九九三（平成五）年にいわゆる「猪木スキャンダル」が問題になって、新日本プロレスの役員だった新間寿《しんまひさし》さんが猪木さんを告発したりして、そのころから党内が少しずつゴタゴタし始めたんです。

そのときは、なぜか私と猪木さんも対立しているかのように、たびたび報じられました。でも、そんなことは、いっさいありませんでした。

濵渦　意図的にそういう内容でマスコミにリークした人がいたのでしょう。

江本　猪木さんが落選したあと、一九九五（平成七）年十月にスポーツ平和党を離党して活動することになりますが、猪木さん個人との親交はその後も変わらず、猪木さんが亡くなられるときまで、ずっと続いていました。

私にとっては政治の世界に入るきっかけをつくってくれた何よりの恩人ですからね。

猪木さんが落選したあとにも、「このあと、私ひとりでどうしましょう?」と相談させてもらいました。

「とりあえず、ひとりで頑張ってくれ」という話だったので、一九九五（平成七）年の参院選で当選した直後に、自民党を離党した参議院議員の田村公平《たむらこうへい》さんと新たに会派をつくりました。

あの人も高知県出身でしたから、二人会派の「平心会」を結成して。

そのあとは自由連合の徳田虎雄さんに誘われて、田村さんとともに一九九五（平成七）年十二月に自由連合に参加して、一緒に活動をするようになっていく。スポーツ平和党は二％条項を満たしていて、政党交付金を受け取る権利を結果的に私が引き継いでいたので、いろんな人から声がかかったんです。

その後も一緒に活動をしていた田村さんが一九九七（平成九）年十月に自民党に復党したり、徳田さんが一九九六（平成八）年の衆院選に落選したりしたので、またしても、私ひとりで宙ぶらりんの状況になって。

濵渦　あのときは新進党が解党したり、いろんな政党が乱立したりしていました。毎日、新党が誕生しては消えていくような印象がありました。

江本　それで一九九七（平成九）年の年末に細川護熙さんに声をかけられて、「フロム・ファイブ」に入ったんです。

私のほかには樽床伸二《たるとこしんじ》さん（総務大臣などを歴任）や円《まど》より子《こ》さん、上田清司《うえだきよし》さん（現・

参議院議員、前埼玉県知事）がいました。

五人そろって新党をつくると、政党助成金がひとりあたり四千万円ほど、個人ではなく政党に支給されます。

じつは、「フロム・ファイブ」の結党時には細川さんから「あなたが代表をやってください」と言われました。

ただ、総理大臣経験者を差し置いて自分が代表になる気はありませんでしたので、丁重に断って細川さんにやってもらいました。

そうはいっても、「フロム・ファイブ」は年が明けた一九九八（平成十）年一月二十三日に新進党を前身とする太陽党や国民の声と一緒になって民政党をつくることになるので、わずかな期間で消滅してしまいますが。

結局、細川さんも、その年の五月七日に民主党結成をやりとげて議員辞職してしまいましたね。

濵渦　「俺はいま、どこの党かと秘書に聞く」なんて川柳もありましたよ。

野党がひとつにまとまれない歴史的経緯

——一九九八（平成十）年四月、院内会派の「民主友愛太陽国民連合」（民友連）に参加していた旧民主党、民政党、新党友愛、民主改革連合が合流して新・民主党が結成された。江本も民主党に入るが、その実態は右から左まで、さまざまな立場の議員が所属している寄せ集めの政党だった。

濵渦　このころの民主党は社会党出身の議員もいれば、自民党出身の議員もいて、重要法案の採決のたびに党議拘束をかけられず、毎回もめていた印象がありますね。

江本　民主党は日教組の支援を受けている左派の国会議員もいれば、私のような右寄りで自民党寄りの質問をする議員もいるバラバラな政党でした。

濵渦　自民党から「入ってくれ」という声はなかったんですか？

江本　残念ながら、お声がけはありませんでした（笑）。声がかかったら喜んで行ったんですが。

濵渦　民主党に入党したのは、なぜですか。

江本　野球選手のときから、この手のことには悩まされてきましたが、スポーツ平和党や、そのあとの少数会派で活動していたころは怪情報を流されることが多くて、迷惑していたんです。

それに私も議員になって数年がたち、国会議員の活動が一人や二人でやっていても、「大きな仕事はできない」ということがわかってきたんです。

ある程度、大きな政党でなければ、希望する委員会にも所属できないし、たとえば質問時間など、活動が制限されやすい。そう思って民主党で活動することにしました。

長嶋茂雄の応援で「比例順位十二位」から逆転

――民主党の結党に参加した江本は一九九八（平成十）年七月十二日投開票の参院選で再選を目指す。

比例名簿で十二位という下位に位置づけられてしまったものの、ギリギリで再選を果たした。

濵渦　江本さんは一九九八（平成十）年の参院選は民主党から出馬されたんですよね。

江本　はい。私はスポーツ平和党のときから政党助成金を受け取る資格を持っていて、民主党には資金的にはかなり貢献していたんです。

ですが、蓋を開けてみると比例の順位は十二番目。こちらはあくまで対等合併の意識で参加したけれど、やはり少数政党出身だから、軽んじられたわけです。比例名簿の上位には労働組合出身の議員ばかりが並んでいて、失望しましたね。

運よく当選はできましたが、五十議席のうちの四十九番目でしたから、落選していてもおかしくなかったんです。

濵渦　この参院選のときには初当選のときと同じように、長嶋茂雄さんが来てくれたんですか？

江本　長嶋さんとのいきさつは、いろいろあるのですが、このときは巨人の監督なのに選挙前の六月のパーティーに来てくれたんです。まだ、おおらかな時代だったのかな。

長嶋さんは一九六一（昭和三十六）年に、「社会党の天下になれば、プロ野球ができなくなる」と発言して批判を浴びて以来、政治的なイベントには参加しないようにしていたらしいのですが、このときは来てくれましたね。

ホテルニューオータニでのパーティーでしたが、番記者たちをゾロゾロ引き連れて来てくれたから、本当に驚きました。

長嶋さんが到着されると、モーセの『十戒』の映画（一九五六年、アメリカ）の海が割れるシーンのようにパーティー客たちが引いて花道が自然とできて、そのあいだを進んできてくれましたね。

「何、選挙に出るの？」みたいな感じで、相変わらずわけのわからないことを言っていましたが、オーラがすごかった。

鳩山由紀夫さんや菅直人さんが長嶋さんに挨拶に行っていたけれど、長嶋さんは「あっ、そう」みたいな感じで、関心がないんです。要するに鳩山さんのことも菅さんのことも知らないんです（笑）。

小渕恵三からの電話「あなたの質問はすばらしい」

――一九九八（平成十）年七月、江本が再選を果たした参院選での敗北を理由に橋本龍太郎は総理大臣を辞任する。代わりに小渕内閣が発足した。低支持率でのスタートとなった小渕内閣だが、自自連立、自自公連立に成功し、政権基盤を安定させながら、周辺事態法（日米ガイドライン）、国旗・国歌法、通信傍受法などの重要法案を成立させていく。

濵渦　江本さんは二期十二年弱の国会議員生活のなかで八人の総理大臣（宮沢喜一、細川護熙、羽田孜、村山富市、橋本龍太郎、小渕恵三、森喜朗、小泉純一郎）に接してきていますが、誰がいちばん印象に残っていますか。

江本　僕は、やはり小渕さんですね。

国旗・国歌法が制定されるとき、私が質問に立ったあとに直接、電話をもらいました。「小渕さんって方から電話です」と言われて、「どこの小渕さんだよ」と思って出てみたら、小渕総理だったんです。

「あなたの質問は、すばらしい」と言ってくれて、うれしかったですね。

濵渦　ブッチホンですね。

江本　国旗・国歌法は一九九九（平成十一）年八月九日に成立しましたが、あのときも民主党は本会議の採決では党議拘束を外してバラバラでしたね。

私のような保守的な議員は賛成、社会党出身の議員とか左派の議員たちは反対していましたね。

私は、「国旗及び国歌に関する特別委員会」の委員を務めていたので、七月三十日には賛成の立場から質問をしたんです。

「私は戦後生まれの世代。国旗・国歌について、戦争時代の傷を背負っていません。ごく自然に体のなかに入っている。教育現場での混乱は、これを機会に改善すべきことは改善すべきです」

さらに、自分の母校の高知商業高校の校歌も紹介しました。高知商業の校歌『鵬程万里《ほうていばんり》』は壮大なんです。

「天にそびゆる喬木《きょうぼく》を　レバノン山の杜《もり》に伐《き》り　船を造りて乗り出《い》でし　フェニキア人のそれのごと」

校歌を聴きながら頑張ろうと思う人もいるし、君が代だって同じことじゃないかという話をしたんです。

そのあと、官房長官だった野中広務さんからも電話をもらいましたね。

小渕総理からは議員会館に胡蝶蘭《こちょうらん》が届きましたね。あの方は電話で話した相手に必ず胡蝶蘭を送っていたようです。ブッチホンをもらった話を隣の部屋の濵渦さんにしたら、「翌日、胡蝶蘭が届くよ」と言われましたが、本当に届きましたね。

濵渦　小渕さんは、とてもマメな人でしたね。中曽根康弘さんと福田赳夫さんという二人の総理大臣を相手に厳しい選挙を戦ってきたから苦労人なんですよね。だから国民の悩みとか苦しみを知っていましたね。

田中派、竹下派の政治家でしたが、視野が広くて、東京都政と連携して花粉症をなくそうと取り組んだりとか、やさしいところがありましたね。病気で亡くなられたのが、本当にもったいなかった。

大阪府知事選挑戦の真実

——二〇〇三（平成十五）年十二月、江本はひとつの決断をする。

翌年夏に行われる参院選に三期目を目指して出馬をするのか。それとも何か新しいチャレンジを行うのか。

江本は大阪の若手の府議会議員たちの頼みを受け入れ、参議院議員を辞職して、二〇〇四（平成十六）年二月に行われる大阪府知事選に挑戦する。

濵渦　大阪府知事選に挑戦するのは、どのような経緯があったのですか？

江本　あのとき、僕は参議院の二期目の任期が満了する少し前でした。二〇〇四（平成十六）年の夏の参院選に三期目を目指して出馬することも考えましたが、それもかなり大変かなと思っていたんです。

濵渦　江本さんが出馬していた比例区は制度が二〇〇一（平成十三）年の参院選から変わりましたからね。

江本　ええ。それまでは比例区は各政党が届け出た順位で当選が決まる拘束名簿式でしたが、二〇〇一（平成十三）年の参院選から個人名の得票によって政党内での順位が決まる非拘束名簿式が導入されました。

　この制度が導入されたことによって、私が民主党から出馬した場合は高い集票力を持つ労働組合に支持されている議員たちより多く得票しないと当選が難しかったんです。私のような特定の組織の利害を代表しているわけでもない議員にとっては相当難しい選挙制度だなと思いましたね。

濵渦　非拘束名簿式は、自民党を支援する各組織が実際にどのくらいの集票力を持っているかを完全に可視化して、組織同士を互いに競争させるような制度ですからね。

江本さんは一九九八（平成十）年の結党に参加して以来、民主党に所属していましたが、そのころの民主党はどうでした？

江本　いまもそうですが、あの当時の民主党は、さまざまな政党が政界再編のなかで集まってできたために、各議員の考え方はバラバラでしたね。

左や右どころではなくて、極左から極右までゴロゴロしているような感じです（笑）。その後も民主党は相変わらず組合中心の党でしたからね。鳩山由紀夫さんはともかく、菅直人さんとか左寄りの議員が多くて考え方が合わないから、ここでまた参院選をやるのはいやだなという気持ちがありました。

国旗・国歌法のときもそうでしたが、重要な法案になるたびに、まとまらずに、いつも党議拘束をかけることができずに自主投票でしたから。大きなテーマになればなるほど、まとまって行動できないなら、政党ではないだろうと思っていました。

そういう状況のなか、次の参院選に民主党から出馬するのも大変だな……と思っていたときに声をかけられたんです。

最初は民主党に所属する大阪府議会議員から、「江本さん、このままじゃ大阪がダメになってしまうから、ひとつ力になってくれませんか」と声をかけられました。

こちらも、どのくらいの熱意なのかわかりませんでしたから、「あんたひとりで言っているのか？」と聞きました。

すると、「いいや、自民党の若手の府議もみんな同じ気持ちです」って言うんです。

話を聞いてみると、そのときの自民党の若手の府議のリーダーが松井《まつい》一郎《いちろう》さん（のちに大阪市長、大阪府知事）でした。

濵渦　松井さんが、まだ橋下徹《はしもととおる》さん（のちに大阪府知事、大阪市長）たちと大阪維新の会を結成する前の話ですね。

江本　ええ。その当時の松井さんは、お父さんの地盤を引き継ぎ、大阪府議会議員として活動していました。

松井さんだけでなく、日本維新の会で政調会長を務めている浅田均《あさだひとし》さんや、総務会長の東徹《あずまとおる》さんも府議でしたね。

濵渦　のちの維新を結成する中心メンバーたちですね。

江本　はい。彼らがその四年後の二〇〇八（平成二十）年に橋下さんを府知事選に担ぎ上げていくんです。

結局、民主党や自民党の若手府議たち十三人から、「犠牲者みたいなものですが、出てくれませんか」と熱心に頼まれました。

私も「せっかくなら、縁のある大阪で、最後に恩返しをするのもいいな」と思ってチャレンジすることにしました。

彼らがよく言っていたのは、その少し前の二〇〇三（平成十五）年十一月三十日の大阪市長選挙で投票率が三三％だったんです。三人に二人が選挙に行ってない。そのことに危機感を抱いていましたね。

もし市長選より盛り上がらず、低調な府知事選挙になったら、二〇％台の投票率になるんじゃないかと。彼らは純粋にそういう危機感を持っていました。

「三〇％を割ったら必ず東京や全国からバカにされる」と松井さんが言っていたのを覚えています。

しかも、あのころは現職の太田房江《おおたふさえ》府知事が自公民相乗りだったので、何もしなくても当選するわけです。

そのときに、「このまま府知事選をしてもダメだ」と松井さんたちは考えていたみたいなんです。そのころから、「大阪の政治をなんとか変えたい」という気持ちを持っていたんでしょうね。

彼らのほとんどは父親や祖父の代から府議会議員をしている二世議員や三世議員が多かったけれど、大阪への純粋な気持ちや思い入れは感じましたね。

濵渦　いってみれば、江本さんの府知事選が維新の原型というか、源流になっているわけですね。

江本　出馬を決めると、これまで世話になった議員にも挨拶しました。

民主党大阪府連の会長が、その後、鳩山政権で官房長官を務める平野博文《ひらのひろふみ》さん。あの人とは仲がよかったけれど、「こういう状況になりました」と仁義を切って。私は文教族でしたから、文教族が多い清和会《せいわかい》系（のちの安倍派）の議員ともつきあいがありました。文教族のボスの森喜朗さんなんかにもよく声をかけられて食事をともにしていましたから。

そういう関係でつきあいがあったので挨拶に行ったんです。森さんにも仁義を切ったら、「やめておけ、太田房江は俺が大阪に持っていったんだから」と止められて。でも、もう出馬を決めていましたから、了承してもらいましたね。

それと当時、民主党の代表だった菅直人さんにも、いちおう仁義を切ろうと、わざわざ菅さんがいる地方まで追っかけて、「府知事選に出るから、辞職します」と挨拶に行きました。

すると菅さんからは「ああ、そう。大阪、気をつけてね」とだけ言われました。

遊びに行くわけじゃないんだから（笑）。薄情とか冷たいとかより、とにかく人のことはどうでもいいという感覚なんでしょうね。こちらが、いちおうは党の代表だから挨拶しに来たんだなという気づかいはないんですよ。

ほかの人には、とくに相談しませんでしたね。

ただ、さすがに参議院の幹部だった輿石東《こしいしあずま》さんには、ちゃんと話しました。

濵渦　輿石さんは「人物」なんですよね。

江本　あの方は日教組の親分ですが、日教組に普段から批判的な私に対しても公平に接してくれましたね。

濵渦　輿石さんは与野党それぞれの立場を考えながら、「日本のために何が役に立つか」を考えて行動できる政治家ですからね。

相手のメンツも立てながら、引き出せることは引き出す。そういう政治家が昔は野党にもたくさんいました。

ただ、残念ながら、いまは輿石さんみたいな懐の深い人は減る一方ですよ。

江本　国旗・国歌法のときも、特別委員会に委員を出す場合、反対派の議員を出すこともできたのですが、輿石さんは賛成派の私が委員になれるように配慮してくれましたね。鳩山さんや菅さんは反対派を出そうとしていたようでしたが、輿石さんはそれを止めて私を選んでくれました。私が普段から日教組の批判をしているのを知りながら、そういうことをしてくれるんです。

民主党は社会党出身の議員と自民党出身の議員が両方いて、私は右寄りのほうでしたが、だからこそ、輿石さんみたいな人が必要だったのでしょうね。

濵渦　組織人としての誠実さで党内をまとめていたんでしょうね。

江本さんは民主党が政権を取っても失敗するだろうと、すでに思っていたわけですね。

江本　それは実感していましたね。

幻の「江本府知事・濵渦副知事」構想

江本　この府知事選では、私の公約づくりは作家で通産省ＯＢの堺屋太一《さかいやたいち》さん（元経済企画庁長官）に協力してもらいました。

　堺屋さんから、よくレクチャーを受けていたんですが、そのうちに、「まずは濵渦さんと石原都知事に会わなければ……」と思って都庁に会いに行ったわけです。

　やっぱり大阪府知事選に名乗りを上げるなら、石原さんに仁義を切らないわけにはいきません。

　それで、「ご挨拶に行きたい」と濵渦さんに相談してアポイントを取りましたね。もう二十年前ですが、懐かしいですよ。

濵渦　たしか都議会の開会中だったかな。その昼休みを狙って会いに行ったんです。

江本　二〇〇三（平成十五）年十二月十日ですね。お昼ごろに江本さんが都庁に来て、石原さんと昼食を食べながら、一時間ほど会談しました。

濵渦　石原さんはいろんなことを語ってくれましたね。「大阪城の領地は、どこからどこまでか知っているか。尼崎から岸和田《きしわだ》まであったんだ。大阪は日本のいちばんの中心なんだぞ」とかね。

江本　石原さんも江本さんに期待していましたから。

濵渦　そういうことを念頭に置きながら、「東京に負けない気持ちで、ケンカをしかけるつもりで戦ってこい」と送り出してくれました。

濵渦さんに頼んで、石原さんから直接、言葉をもらえたのは大きかったですね。

それと大阪は公明党が強いから、「公明党にまず仁義を切らないとダメだ」と言われたので、大阪の公明党本部に挨拶に行きました。

相手は自分たちが勝つと思っているから、それほどピリピリせずに会ってくれましたね。

濵渦　太田さんは創価学会の支援をかなり強力に受けていましたね。

江本　選挙は妨害がすごいでしょう。

もし公明党に妨害されたら、たまったものじゃないですからね。事前に挨拶したかいもあって、それがまったくなかった。ただ、最後は共産党の候補者と二位、三位争いになったから、共産党からは攻撃されましたね。

私が二位になるのがいやだったのでしょう。

濵渦さんには、この選挙で大阪の人をたくさん紹介してもらいましたね。

濵渦　学生時代、大阪で過ごしていたから、当時の仲間がたくさんいましたからね。彼らは府議会議員や市議会議員になっていて、江本さんに期待していましたよ。

江本　選挙には負けましたが、最後に大阪でひと勝負できて、自分の十二年近い政治活動にも区切りをつけることができたので、府知事選に出たことはよかったなと思っています。

濵渦　石原さんとしては、東京都だけじゃなくて、大阪府にも国にもの申す強い首長が誕生してほしかったんです。

だから江本さんを本気で叱咤《しった》激励していたと思います。

もし当選していたら、私も大阪府の副知事になって、もっと幸せな人生を送れたかもしれません。

江本　当選した場合は、濵渦さんを副知事としてスカウトする案をアピールしていましたからね。

あのときは、いろんな政策を出しましたが、とくに強く打ち出したのが日本、韓国、台湾のプロ野球チームを参加させたアジアリーグ構想です。

いまはセ・リーグとパ・リーグで交流戦をやっていますが、やはり交流戦では十二球団でやるだけで仲間うち。それなら日本、韓国、台湾で一年のうち一週間くらい各国入り乱れての交流戦もやる。そういうアジアリーグ構想を話したら、評判はよかったけれど、選挙には関係なかったね。

濵渦　江本さんには、そういう視野の広さがあるから、世界各国の野球チームの監督ができるんですよ。

江本　タイのナショナルチームの総監督や、アメリカの独立リーグの副コミッショナーをやったりと、僕もいろいろやりましたよ。

アントニオ猪木が日本の歴史に遺したもの

——二〇二二（令和四）年十月一日、不世出の天才プロレスラー、アントニオ猪木は七十九歳で亡くなった。

みずからを政治の世界に誘ってくれた猪木と江本の交流は、晩年まで続いていた。

濵渦　江本さんはアントニオ猪木さんとも親交が深かったですが、政治家としてはどういう人だったんですか。

江本　一般の規制やルールにとらわれない独特の感性がありました。それと、もうひとつは、何よりオーラがありました。

政治家もオーラのある人と、ない人がいますが、石原さんなんかは、どう見てもオーラだらけの人でしたね。

濵渦　以前からつきあいがあって出馬されたんですよね。

江本　猪木さんが非改選の参院選でスポーツ平和党を維持するために、もうひとり看板となる候補者が欲しかったのだと思います。

多くの人に声をかけて、全員に断られて、その結果、私に話があったみたいですから。スポーツ平和党はマニアックな人には知られていたけれど、一般的にはそれほど知名度はありませんでしたからね。ただ、日本各地に多くの猪木ファンがいて、彼らが支えてくれました。

濵渦　一九八九（平成元）年の参院選が九十九万票、一九九二（平成四）年の参院選が百三十七万票、いずれも百万票前後は得票していますからね。

江本　そのくらい取れないと一議席にならないわけですが、当時も比例区に出馬する場合は供託金がひとり六百万円で、十人候補者を立てると、六千万円必要なんです。資金繰りについては私にもわかりませんが、どうしていたのでしょうね。

濵渦　石原さんも猪木さんと仲がよかった。石原さんは、もともと格闘技が大好きでしたから。全日本キックボクシングのコミッショナーを務めていましたし、猪木さんにお願いして、八丈島で石原慎太郎後援会の主催で新日本プロレスの試合を企画したこともありました。

中選挙区時代、八丈島は石原さんの支持者が少なくて苦戦していたんです。八丈島は菊《き》池義郎《ちよしろう》さんという衆議院議員の地盤でしたから。

その試合のときは石原さんも猪木さんとリングに一緒に上がって喜んでいましたよ。そもそも、その地域で興行ができるということが政治なんですよね。

そういう応援を基盤にして町長選で石原派の町長を誕生させることもできました。

江本　私が「旭日中綬章《きょくじつちゅうじゅしょう》」を受章した叙勲のパーティーのときにも、猪木さんは車椅子で奥さんと一緒に丸《まる》の内《うち》のパレスホテル東京まで駆けつけてくれました。

最初、乾杯の挨拶を猪木さんにお願いしていたんです。あのころの猪木さんは体調を崩されていましたが、「もちろん行くよ」と快諾してくれました。本当に義理堅いところがあるんです。

会場の裏手まで車椅子で来てくれて、すでに歩くのも大変だったんですが、「猪木さん、乾杯の音頭をお願いします」と言って定番のテーマ曲「燃える闘魂」を流したら、舞台の袖からスッと歩いて登場し、「元気ですかー!!」と乾杯をしてくれました。猪木さんらしいサプライズですね。「一、二、三、ダーッ！」もしてくれて。やっぱり天性のスターなんですよね。舞台があるとサービス精神でやってくれた。本当にあの姿に感動しました。その後も、しばらく会場にいて、お客さまを喜ばせてくださいました。

猪木さんが一九九五（平成七）年の参院選に落選したあとも、個人的な親交はずっと続いていていて、プロ野球OBの張本勲《はりもといさお》さん、プロゴルファーの青木功《あおきいさお》さん、元サッカー選手のラモス瑠偉《るい》さんなど、一匹狼で頑張っている一流の人が周りには集まっていましたね。

私の知人で横浜《よこはま》の中華街で何代にもわたって受け継がれている老舗の中華料理店があったんですが、そこの店主と猪木さんの親交が深くて、そのお店が猪木さんの唯一の憩いの場なんです。

社長も粋な方で、「猪木さんがカラオケ好きだから」ということで、お店の二階に猪木さんのためのカラオケルームをつくっていたくらいで。

一階で中華を食べたあと、二階に行って盛り上がるんです。猪木さんは最後にいつもスターダストレビューの「木蘭《もくれん》の涙」を歌っていたそうなんですけれど、それがまた、いい歌なんですよね。

濵渦　惜しい人でしたね。

江本　ええ。最後は港《みなと》区高輪台《たかなわだい》のマンションで亡くなったようですが、本当に寂しかったですね。取り囲むファンも多くて、最初からずっと猪木さんを応援する人もいたり、途中から輪に入ってくる人もいたりしたけれど、あの人は最後まで何かをやりたいという前向きな人でした。あんな人は、なかなかいませんね。有名人が亡くなっても寂しいと思わないけれど、やっぱり自分の人生を変えてくれた人ですからね。

それぞれにつきあいがあって、みんな言いますが、僕は僕なりにあの人に対して、そういう思いがあったんです。

最後の葬式は品川区の桐《きり》ヶ谷《がや》斎場で家族葬のかたちで行って、親しい人を中心に八十人ほどが参加されていました。

猪木さんの棺が置かれていて、袈裟《けさ》を着たお坊さんが二人ほど来ていて、銅鑼《どら》を「ジャーン」と鳴らして、「それでは、ただいまから始めます」と宣言して、頑丈そうな椅子に座ろうと腰かけたとたん、椅子が爆発してつぶれたんです。メインのお坊さんのひとりが衝撃で驚いて後ろに引っくり返っていました。葬式で初めて見ましたよ。

来ていたプロレスの関係者たちも、みんな驚いた顔をして、係の人も偉いお坊さんが引っくり返っているわけだから、急いで飛んでいって代わりになる新しい椅子を持ってきていたけれど、来ていた連中は、「猪木さんが最後までやってくれた」と内心で思いましたね。「亡くなったあとも、まだ驚かせてくれるのか」と思ったはずですよ。レスラーが八人くらいいたけれど、あまりの出来事に、驚いて固まっていましたから。

猪木さんからは、「北朝鮮に行かないか」と何度か誘われましたが、結局、行きませんでした。

濵渦　猪木さんは渡航中止を言い渡されても平気でしたね。「これが国益だ」と自分で決めたら、行動していました。

江本　イラクに行って人質を解放することを成功させたのも、猪木さんじゃないとできないことですよね。

世界中どこに行ってもプロレスをやって帰ってくるわけでしょう。すごいエネルギーでしたよ。

猪木さんは議員を一緒にやっていたときからエネルギー問題やキューバ、太平洋地域への関心が高かった。

「永久機械をつくったから、見に来てくれ」と言われて行ったら、全部壊れていました(笑)。二回ぐらい完成記者会見をやった記憶があるけれどね。

成功するわけがないんです。「スイッチを入れたら、ずっと永久に電気が発生する永久機械をつくった」って言うんですから。
でも、その発想は楽しいし、猪木さんが言うと、なんか迫力がありましたね。

江本孟紀と石原慎太郎の邂逅

濵渦　石原さんは、めちゃめちゃ官僚嫌いでしたね。学校での勉強ができて成績がいいような秀才タイプの人間のことは全然評価しない。そういう人間より大胆な行動力を評価するんです。
だから江本さんのことも、すごく評価していましたよ。

江本　僕が石原さんに初めて会ったのは国会議員になる前でした。
利用するスパが一緒で、たびたび顔を合わせていました。野球を辞めてタレント活動を始めてからですね。

濵渦　石原さんは反逆児が大好きですから。

江本　参議院議員になる前後に、日本でいちばんのゴルフ場といわれる湘南の茅ヶ崎《ちがさき》市にある「スリーハンドレッドクラブ」のメンバーで、三井《みつい》不動産の岩沙《いわさ》弘道《ひろみち》さん（現・相談役）に招待されたことがあったんです。

濵渦　あそこの会員には、めったになれませんからね。

江本　それで招待されて行ったら、石原さんがゴルフをしていて、読売新聞社のナベツネさん（渡邉恒雄）がパターをしていたんです。

　そのときに僕も挨拶をさせてもらいました。ナベツネさんが冗談で「中畑《なかはた》（清《きよし》）が巨人の監督をしたがっているけれど、あいつはダメだ」と言っていました。

だからナベツネさんや、ナベツネさんと親しい民社党の大内啓伍さんと知り合いになったんですね。

　石原さんは放送作家のはかま満緒《みつお》さんやミッキー安川さんとも親しかった。私もいずれとも知人で、議員になってからは、日蓮《にちれん》系の新宗教団体の妙智會《みょうちかい》教団でよくお会いしました。

　代々木《よよぎ》に本部があって、長嶋茂雄さんが、妙智會教団の政治担当の理事と親しかったんです。

　その人は、もともと極左団体出身の人で、顔じゅう傷だらけでしたね。

じつは長嶋さんは成田《なりた》闘争も収めているんですよね。

地権者側とさんざんもめたあとに、最後の交渉で新東京国際空港公団（現在は成田国際空港株式会社に継承）側が連れてきたのが長嶋さんだったんです。

長嶋さんは隣の佐倉《さくら》市の出身ですから、千葉県に影響力があった。それでこれまで闘争していた人たちを正業に就かせるためにはどうしたらいいかという話になって、公益財団法人花と緑の農芸財団というのをつくったんですよね。成田空港の近くには、そういう団体がたくさんあって、その財団法人の初代理事長に長嶋さんに就任してもらうかたちで話がまとまっていったんです。

ニッポン放送のアナウンサーだった深澤弘《ふかさわひろし》さんが長嶋さんの世話をしていて、その関係で僕らも呼ばれて行ったのですが、石原さんや亀井静香さん、そのほかにもいろんな政党の国会議員が来ていましたね。

私は徹底して、そのころから石原ファンでした。

第8章

令和時代の政治家たちへ

昭和・平成を駆け抜けた二人の、令和時代の政治家たちへの思いとは
（撮影：吉場正和）

安倍晋三不在の大きな影響

——ともに国政に長いあいだ携わった濵渦と江本、二人はどのように現在の日本政治や日本社会の状況を見ているのか。最後にざっくばらんに語ってもらった。

江本　三年続いた岸田文雄《きしだふみお》政権は二〇二四（令和六）年九月の自民党総裁選への不出馬を本人が表明し、九月末の自民党総裁選で石破茂《いしばしげる》総理、総裁が誕生しました。

濵渦さんは、いまの日本の政治に何が足りないと思いますか？

濵渦　私は安倍晋三元総理が二〇二二（令和四）年に亡くなられたことが、いまの日本にとって何よりの損失だと思っています。

安倍元総理が退陣後も活躍していたときは、菅義偉政権も岸田政権もある程度はうまくいっていました。

やはり安倍さんには政治家としての哲学というか、ひとつの国家観、そういうものがあったと思っています。

いまは、哲学も国家観も感じられない政治家ばかりになってしまって、その点は残念ですね。

総裁選に出馬した高市早苗《たかいちさなえ》経済安全保障担当大臣は、「私は安倍さんから薫陶を受けている」とたびたび言っていますが、その薫陶だけではダメだと思います。

安倍さんが敷いた路線のうえで、ある程度、継続しながら、日本がうまくやっているのは外交。外交は国民からは評価されにくいかもしれないけれど、いい線いっていると思います。

ただ、その一方で、内政については、安倍さんがいなくなったものだから、むちゃくちゃになっています。いい子になろうとしすぎで、少子化対策とかも何をしているのかと思いますね。

それから同性婚を認めようという動きも少子化対策とは正反対の動きでしょう。同性婚を認めていけば、子どもが増えるわけがない。少子化対策で子どもにお金を撒いたとしても、子どもは使えないんだから、それだけでは意味がありません。親は勝手に思い込んでいるだけかもしれないけれど、それより親に子どもを育てるうえでの責任を持たせるための教育をしないといけません。

とくに日本の固有の文化である国語、日本語をしっかり教えることが重要だと思う。言語の乱れを正して維持していくことが文化を守ることでしょう。

江本　文化というのは日本の歴史ですからね。

濵渦　はい。日本の歴史を教えるだけではなくて、たとえば神社のことを教えるとか、そういうことをしないといけません。

ポスト岸田文雄に必要な条件

江本　私は、やっぱり総理大臣になるには、それなりのキャリアがないといけないと思います。外務大臣や財務大臣など、要職を経験して、一定の成果を出している人にやってほしいですね。

濵渦　岸田総理は広島県出身だから、「核のない世界」を訴えていますが、ありえないことを言っても意味はないと思います。それは、聞こえはいいかもしれないけれど、アメリカやロシアが核兵器をみずから放棄するなんてことは、絶対にありませんから。

もし自国が核兵器を持っていて言うならわかりますが。

江本　岸田総理に代わって誰が次の時代のリーダーになると思いますか？

濵渦　次に誰がなるのか。社会はいずれ次の時代のリーダーをつくっていく。というのは、三年前は岸田さんがいいからというので岸田さんを選んだけれど、前に進むかどうかは別にして、世の中も変わっていきます。

岸田さんに対しても、自民党のなかから「俺たちはそんなつもりで岸田さんを応援したんじゃないんだ。あなたをリーダーにしたんじゃないんだ」という声が沸々と湧いてきていたはずです。会社などの組織と同じで、次のリーダーを狙って岸田さんをつぶそうとする若い人物も出てくるはず。

私も若いころはそうでした。どんな強力な相手でも、ケンカをするのが怖くなかった。でも、いまは若いころとは違ってケンカをするのが怖いです。

私は、いまは無名の人でもいいと思います。その人があるとき、突然リーダーになるものですから。無名でも恐れずに、われこそはと手を挙げられる血気さかんな人のほうがいいんじゃないでしょうか。

自民党を倒せない野党に欠けているもの

江本　これだけ自民党の支持率が低迷しているというのに、いまはそれに対抗できるだけの野党がいないのも寂しいですね。
　結果的にうまくいきませんでしたが、政権を取る前の民主党は、もう少し元気がありましたよ。

濵渦　野党は与党に正面からケンカを売らなきゃいけない立場ですが、立憲民主党にしても日本維新の会にしても、少し弱すぎますね。「日本はこうあるべきだ」という哲学的な訴えがないから、どうしても迫力が感じられない。有権者受けを狙ったわかりやすい政策ではなくて、もっと本質的な国家観で勝負してほしいです。

たとえば経済政策では第二次安倍政権はアベノミクスを掲げて日本《にっぽん》銀行総裁を黒田《くろだ》東彦《はるひこ》に代えたり、金融緩和を続けたりして成功を収めました。岸田さんは「新しい資本主義」なんて言っていたけれど、いまひとつはっきりしない。

　日本の総理大臣は国会議員のなかから選ばれるから議員のリーダーですが、実際には国民のリーダー。議員だけのリーダーになろうとするのが問題なんです。

江本　岸田総理に挑戦する気概を持っていた人がリーダーになれる資格を持つわけですね。

濵渦　ええ、そう思います。もし、そういう人が自民党にいなくて、野党にもいなければ、新しい党が出てきて挑戦してもいい。

たとえば作家の百田尚樹《ひゃくたなおき》さんが結党した日本保守党だって伸びるかもしれない。東京十五区の補欠選挙に候補者を擁立していたけれど、予想以上に得票していたでしょう。

江本　飯山陽さんが出馬して二万四二六四票も獲得していましたね。小池都知事が応援していた乙武洋匡さんより多かった。

濵渦　日本保守党は、その主張が良いか悪いかは別として、しっかりした候補者を立てて、ちゃんと活動したわけですよね。メディアからは評価されていないかもしれないけれど、一定の有権者は耳を傾けて投票所に足を運んでいる。やはり行動したわけですよね。それが重要だと思います。街頭で訴えると生活や何かに不安を持っている人たちが集まってくるわけですから、彼らに真剣さが届けば票は動きます。それが選挙ですから。

コロナ禍が浮き彫りにした「民主主義」の欠陥

江本　われわれの世代は、デモをしたり、街頭で訴えたりすることが普通でしたね。
濵渦　はい。全共闘世代は、そのときはいいと思って共産主義を訴えたのだろうけれど、それが間違いだったことは、すでにわかったわけです。共産主義でうまくいっている国はひとつもないんですから、いまさら共産主義を語っても意味がない。
　ただ、民主主義というのには短所もあって、手続きにどうしても時間がかかるから、国民が期待しても、その成果が出るのは遅くなることが多い。それが民主主義のコストだから、しかたがない部分はありますが、どうしても手間隙《てまひま》がかかるわけです。
江本　世界にはロシアや中国など、独裁主義の国もいまだにありますからね。
濵渦　ああいう国は、良くも悪くも、決定すると、すぐにものごとが動くから、「専制政治でもいいから、もっと早くやってくれ」という声は今後、民主主義の国のなかでも高まるでしょう。
　コロナ禍のときのような未知の感染症の流行とか、戦争のような非常事態があった場合は、余計にそういう声が高まるかもしれません。

私は日本が専制国家になる必要はないと思っていますが、一部の国民にはウケるのもわかります。

これだけグローバリゼーションが進んで国際情勢が流動的になると、手早さや強引さが必要になるんです。僕は、どの政権でも必要だと思っています。

石原親子の運命を決定づけた総裁選の変化

江本　自民党総裁選も石原慎太郎さんが出馬された一九八九（平成元）年とはしくみがだいぶ変わって、党員投票の比率が上がりましたね。国民みんなが投票するわけではもちろんありませんが、いまみたいな制度のもとであれば、石原さんが総理大臣になれるチャンスもあったんじゃないですか？

濵渦　いまの制度は党員投票の比率が相当高いので、なっていたかもしれません。小泉純一郎さんが勝利したように、小選挙区制は総理大臣の支持率が各候補者の当落を相当左右しますからね。

石原さんは、「都知事を二期で辞めて、衆議院議員に戻って総理大臣を目指そう」と言っているときもありましたから。

江本　そんなことがあったんですね。石原さんには都知事になって以降も国政復帰への待望論がずっとありましたからね。

濵渦　石原さんは最終的に都知事を辞職して日本維新の会から衆議院議員になりますが、なぜ都知事を続けたのかといえば、その間に息子の伸晃さんが自民党総裁選に出ることになったからなんです。

江本　伸晃さんは二〇〇八（平成二十）年と二〇一二（平成二十四）年の二回、総裁選に出馬されていますね。とくに二〇一二年の総裁選では当選が有力視されていました。

濵渦　そのときも森喜朗さんや青木幹雄《あおきみきお》さん（元参議院議員会長）から「伸晃さんを応援するから、都知事を続けてほしい」というアプローチがあって結局、都知事を続投したんです。

江本　二〇一二年の自民党総裁選では、伸晃さんは森さんや青木さんから、かなりの支援を受けていましたね。

濵渦　その関係で、伸晃さんは一回目の投票で国会議員票は多かったんです。

ただ、本人の失言もあって、最終的に決選投票に残ることができずに総裁にはなれませんでした。肝心要の党員投票が全然ダメだったんですよね。東京選出の衆議院議員なのに、東京都ですら石破さんにも安倍さんにも負けて三番手でしたから。

江本　それにしても、石原慎太郎さんが総理大臣になる姿を一度見たかったですね。

「キングメーカー岸田」を生んだだけの派閥解消

江本　裏金事件の発覚以降、岸田総理が派閥解消を唱えたこともあって、麻生派（志公会《しこうかい》）以外の派閥は、いちおう解消することになりました。濵渦さんは、この流れをどう見ていますか。

濵渦　私は外向きの派閥が解消したといっても、自民党の内情はまったく変わっていないというのが実態だと思います。

はっきりいえば、派閥解消なんてウソです。岸田総理は、すべての派閥を解消して、自民党を岸田総理だけのひとつの派閥にしたかったのでしょう。ある意味、自民党岸田派を大きくしたかっただけの話だと思います。

結局、総裁選が行われると、また領袖たちのところに議員は集まるようになるし、派閥の当選回数の同期とかで集まるので、実態は変わりません。

江本　私が国会議員として活動していた一九九〇年代（平成二～十一年）もリクルート事件の記憶が新しく、政治改革があり、派閥解消がしきりに叫ばれて、自民党もかたちだけやっていましたが、いつの間にか戻っていましたからね。

濵渦　江本さんのご指摘のとおり、数年であのときと同じになると思います。

やはり派閥というのは、もともと総理、総裁を目指すためにつくられたグループなんですから。議院内閣制のもとで与党の代表が総理大臣になるしくみがあるかぎり、派閥はなくなりません。与党第一党のなかで、いちばん大きな勢力を持つ議員が総理、総裁にいちばん近いわけですからね。

派閥から総理大臣を輩出するために、政策の勉強をして、それぞれの議員の選挙区の陳情もこなして、各議員が当選するために必要な活動資金を捻出しようとパーティーをやっていた。それが派閥なんです。

大昔はそういうことがなくて、総理、総裁を目指す大親分が、ひとりで資金を集めて、子分たちに配っていました。

ただ、それが行きすぎて問題になり、「そういうことはやめよう」と三木武夫内閣のときに決まったから、派閥として集めるかたちになったんです。

江本　今後は、どのようなかたちでお金を集めるようになりますかね。

濵渦　おそらく今後も違う集め方が考えられるはずです。昔の総会屋のように派閥が雑誌を発行してスポンサーになってもらうようなやり方とか、企業から広告を集めるとか、それはもう、いろんなやり方が開発されるはずです。

「必要悪」としての派閥と渡辺美智雄の嘆き

江本　派閥には必要悪の部分もあるわけですね。

濵渦　派閥がなくなったとしたら、新人議員たちを、どう教育するのかという問題もあります。

昔、石原さんと青嵐会で一緒に活躍していた渡辺美智雄さんは中曽根康弘さんから派閥を引き継いで渡辺派を率いましたが、「二十人くらいが適量で、五十人になったら、しんどくてなあ」とこぼしていました。

資金面の苦労も、もちろんあったと思いますが、子分たちの選挙区に応援に入ったり、それぞれの議員に専門分野をつくらせたりして集団としてまとめていくには、三十人くらいの規模がちょうどよかったのでしょう。

江本　派閥は政策を学ぶ場でもあったわけですよね。

濵渦　農林水産や、石油などのエネルギーなど、分野ごとに分けて、議員が専門性を身につけて、その知識を派閥に還元していましたからね。

江本　専門性の高い議員を紹介してあげたりとか、同じ派閥の議員同士で融通していたわけですよね。

濵渦　結局、かつての田中派や竹下派のような大きな派閥ほど専門分野を持つ人材がたくさんいたんです。だから、みんなその派閥に入りたがった。

結局、どの派閥も専門分野を持つ官僚出身の政治家が欲しいから、優秀な官僚の取り合いになるんですよね。その専門性をなくしてしまったら、自民党は、ただの地方議員の寄せ集めになってしまいますからね。

だからこそ、出身官庁の政策に長《た》けている官僚出身の政治家が重宝されるんです。自民党はもちろん、かつての民主党も官僚をどんどんリクルートしていました。

江本　自民党の若手議員には官僚出身の議員もいまだに多いですね。「コバホーク」こと財務省出身の小林鷹之《こばやしたかゆき》さんとか、経済産業大臣の齋藤健《さいとうけん》さんなんかも、総裁選に名前が挙がりました。

濵渦　役人が、なぜいいかといえば、専門的な情報と知識を持っているからなんです。やっぱり国会議員のいちばんの仕事は法律をつくること。ただ、いまは政策立案ではなくて、残念ながら、いかに政策を執行できるかが政治家の仕事になってしまっています。

江本　「あの先生に頼めば、公共施設などをつくってもらえる」という構図ですね。

濵渦　はい。政治家は本来、法律をつくることが仕事なのだから、そこのところは忘れないでほしいですね。

「孫正義総裁」誕生という未知の未来

江本　今度の派閥解体は、結果的に資金が豊富な議員が支配力を強めていく気がしますね。

濵渦　そうですね。派閥をなくしたら、結果的に子分をたくさん集められるかどうかは、単純に議員個人の資金力で決まってしまうかもしれません。

もしかしたら、ソフトバンク代表の孫正義《そんまさよし》さんや、楽天《らくてん》の三木谷浩史《みきたにひろし》さんのように、経営者として成功した人物が、国会議員でなくても政治家に転身して、政党の代表として一派を築く可能性だってあります。そうすると、お金の多寡ですべてが決まる恐ろしい社会になるかもしれません。

江本 亡くなられた鳩山邦夫さんのように、資金力が豊富なほうが有利になるかもしれませんね。

濵渦 鳩山邦夫さんは、お母さんの実家のブリヂストンの株の配当だけで一年に六億円くらい収入があったといわれていますからね。

昔、藤山《ふじやま》コンツェルンを率いていた藤山愛一郎《あいいちろう》は総裁選のたびに自分の財産を溶かしていましたが、そういう人じゃないと親分になれないかもしれませんね。

江本 鳩山邦夫さんは蝶々《ちょうちょう》の標本採集が趣味みたいで、高知県の幡多《はた》地方まで探検隊のような格好をして採集に行っていましたね。マニアックなところのある人でした。

濵渦 石原さんが当選した都知事選では、鳩山邦夫さんも民主党の支援を受けて出馬していましたが、彼のシンボルマークが蝶々だから、蝶々のバッジをたくさんつくっていました。選挙のスタッフたちに、「みんなで鳩山陣営に行ってもらってこい」と指示してゴッソリもらいましたよ（笑）。

江本　お兄さんの鳩山由紀夫さんも悪い人ではないんですよね。

濵渦　由紀夫さんは約束を守れない人なんですよね。「私から出た話だということが明らかになると、うまくいかなくなるから、気をつけて」と、いくら注意しても、すぐにバラしてしまう。ものごとをうまく進めていくということができないんですよね。人の名前を出すことで自分の責任ではないかのように話す。無責任なんですよね。

江本　そうすると、うまくいくはずの話も壊れてしまいますからね。

僕が二〇一八（平成三十）年一月二十九日に「旭日中綬章」を受章したことを記念してパレスホテル東京でパーティーをしたときも、「がんになったことは言わないでください」と頼んだのに、挨拶に立つと、開口一番、「江本さんは、がんを克服されて……」と話し出してしまうんです。ズッコケましたよ（笑）。

濵渦　あの人は、そういう人なんです。

江本　がんになったことを話したときに、由紀夫さんから「この薬で治った人もいるから飲みなさい」と渡された薬が、ひと瓶六十万円もしました。「これはあげるから、あとは買いなさい」と言われて藁《わら》にもすがる思いで飲みました。それがどこまで効いたかはわかりませんが、その後は転移も再発もしていないんですよね。なんだかんだで憎めないところがあるというか、私にとっては命の恩人なのかもしれません。

濵渦　僕のときは、高知県知事だった橋本大二郎《はしもとだいじろう》が、「東京都のどこかの選挙区で衆院選に出たい」という話があったんです。

それで私は、「東京八区から出馬したらいい勝負になる」と思って当時、幹事長だった由紀夫さんに相談したんです。

相手は石原伸晃さんですが、杉並《すぎなみ》区は非自民勢力が強いから、いい候補者を民主党が擁立すれば勝負になるし、少なくとも比例復活当選は狙えるだろうと思ったわけです。現に、いま、杉並区は立憲民主党の議席です（二〇二四年十月二十六日現在）。

それで由紀夫さんに話しました。ただ、「(石原慎太郎の秘書である）濵渦が東京八区をすすめたのでは橋本さんも警戒するだろうから、鳩山さんから東京八区を提案してほしい」と言ったんです。

江本　たしかに濵渦さんからの話と聞いたら、「何か裏があるかな」と思いますよね。石原慎太郎さんの秘書なんですから。

濵渦　そう思って鳩山さんには、「くれぐれも鳩山さんの案にしてほしい」と言ったんです。でも、「濵渦から言われた案」と、すぐに明かしてしまった。これでは、まとまる話もまとまりません。そういうことばかりなんですよね、あの人は。

江本 結局、根回しができないわけですね。政治家には向いていなかったのでしょう。お父さんの鳩山威一郎《いいちろう》さんは、どんな人だったんですか？

濵渦 大蔵官僚から参議院議員になって外務大臣をやりましたが、それほどではありませんでした。鳩山一郎《いちろう》元総理の長男ですから、官僚の世界ではよかったのでしょうけれど。

官僚にナメられない政治家であれ

濵渦 結局、政策をつくっていくのは政治家がしないといけません。実際は官僚がつくっています。だから官僚が自分で政治をやりたがらない。国会議員も地方議員もアホばかりだから、官僚にナメられている。

官僚もレクチャーをしながら、その議員が有能なのかどうか、じっと見ているわけです。官僚は説明しながら、「こいつ、アホだな」と思ったら、アホにわかる程度の説明しかしない。

一方で、できる政治家は弁も立つし、質問が厳しいから、官僚もわかる。「この人は、できる政治家だな」となると、今度は官庁のほうが、その政治家を立てていこうとするんです。優秀な政治家を自分の省庁に協力的な政治家にしたいわけですからね。

江本　官僚側も誰が使える政治家なのかを吟味しているわけですね。

濵渦　逆にいえば、政治家のほうも自分にないものを持っている官僚を見つけたら、政治家にさせて、自分たちのグループに入れようとしていました。

江本　田中角栄さんは子分に官僚出身の政治家をたくさん抱えていましたね。

濵渦　田中角栄は官僚出身の政治家を集めて彼らの知恵で政策をつくっていったんです。だからすごいし、ほかの派閥に負けることはなかった。

江本　ただ、いまの政治家は小選挙区制になって二世議員、三世議員ばかりになってしまいましたね。

濵渦　小選挙区制が導入されて三十年近くがたちますが、政治がひとつの家業になってしまったのは残念ですね。

どうしても小粒の議員が多くなって、スケールのある人が議員になろうとしない。「この国がどういう国になってほしいのか」、それを訴える人がいないのは残念です。

自分の選挙区の発展については語るけれど、日本全体については語らない。それを語ろうとする人がいませんね。

いま、この国の何が問題なのか。それを冷静に語ってくれる人が欲しいです。

江本 しかし、小選挙区制だと、若くて世襲の人しか、自民党のなかでは出世しない構造ですよね。

濵渦 当選回数を重ねないと上には行けませんからね。

政治家を支える一族郎党もいるから、政治家という職業が生活の糧になっていて、秘書たちも、その家族も、世襲が続くことを必要とする構造があるわけです。これは小選挙区制の問題点ですね。小選挙区は東京なんかだと、ひとつの区より小さい選挙区がありますからね。

百万人を相手に政策を訴えるわけではなく、三十万人の有権者を相手にすることになって、スケールも小さくなっていった気がします。

たとえば高知県だと選挙区は高知市で東西に分かれて、東部を中心とする一区と西部を中心とする二区の二つだけです。

一区の国会議員なら東部の室戸《むろと》岬《みさき》から高知市までをどうするかを訴えることができれ

ば当選する。高知県の西側については語る必要がない。「東部がいちばん」「東部を発展させます」と語る人が当選するわけです。

最近では県政のレベルですら分裂を起こすようなことを主張する候補者もいますからね。でも、本来は、「国全体でこうあるべきではないでしょうか」と語って、さらに「そのなかで高知県東部はこういう役割を持つのが、日本にとって有意義ではないでしょうか」と提案すべきなんです。でも、そういう訴えをする人はいませんね。

本当はもっと、「うちの選挙区は、こういうことを、この国のためにやるべきでしょう」という人が出てきてほしいですよ。

江本　結局、政治家が選挙区の有権者たちの御用聞きになっているわけですよね。

濵渦　生徒会の役員を決めるみたいな話ではなくて本来、国会議員はもっとスケールのある仕事、もっと日本がどういう国であるべきなのかを語る必要が、僕らにもあったのかもしれません。

日本のことだけでなく北朝鮮や韓国、中国、東南アジアなども含めた地政学的な位置づけや、日本が今後、どういう生き方をすればいいのか。

もし国家として独立を維持していく必要がないというなら、ないでいい。もう合併してもらってもいいし、そういう選択肢もある。昔は安全保障を考えて、「アメリカの五十一番目の州になりたい」という言い方をしていた人もいましたよね。ただ、そう簡単にはいきません。すでに沖縄は中国の核心的領域に入ってしまっている。「俺たちのものだ」と言われているわけですから、その野望からどうやって守っていくのか。壮大な展望を語ってくれる政治家が欲しいですね。

年を取った人は、そういう知恵を持っているけれど、お年寄りは十年、二十年先まで長生きするわけではありません。そういうお年寄りから薫陶を受けた若い人が、どこかにいないかなと思いますね。

その意味では安倍さんには国家観がありましたから、安倍さんが大事にしていた次の日本を担う政治家たちは、どこにいるのかなと思っていましたが、この二年の政界の動きを見ていると、どうやら、みんなが安倍さんにぶら下がっていただけで、育っていなかったようなんです。

政界はヤクザの世界と一緒

濵渦　結局、政治の世界もヤクザの世界も、派閥というのは一緒なんですね。
　自分の次の子分、いわゆる跡目をつくりますが、誰からも親分の後継者だとわかるころになると結局、つぶされてしまう。つぶさないと親分が困るから、そうなるわけです。

江本　田中角栄さんが竹下登さんを警戒していたのと同じですね。

濵渦　はい。それでも派閥には次世代のリーダー、総理、総裁候補を自然と育てていく機能がありました。

「いまの会長は自分だけれど、その次は〇〇で行こう」と。そのための訓練として若いころに内閣官房副長官を務めさせたり、党三役や主要閣僚などをひとつずつ経験させたりして訓練を積んでいったわけです。

　かつての政務次官（現在は政務官や副大臣）も大臣になるための専門職で、若手の政治家を訓練する場所になっていました。

　派閥にもそういう機能があったけれど、岸田総理はそれを壊して自民党全体で把握すると言い出していました。うまくいくとは思えません。

江本　それでは、みんな総理大臣の言いなりになってしまいますよね。

濵渦　そうなんです。やっぱり会社でもそうですが、ひとつの山があって、小さいけれど、その横にもうひとつの山があって、党内野党のような社内野党がないと、きれいなかたちになりません。競争原理がまったく働かなくなるんです。正義感やモラルも、その競争があるから保たれていった。

　自民党だって派閥があったから、党内で疑似政権交代があり、党内に緊張関係があった部分はありますよ。

江本　夏になると長野県の軽井沢《かるいざわ》では派閥の勉強会が定番でしたよね。

濵渦　たいてい一泊か二泊で講師を呼んできて実施されていました。その講師に誰を呼ぶかで今後、どの政策に力を入れていくかがわかってくる。番記者たちも同行して勉強して、「次の国会では、こんな法案が出る予定なのか」とわかっていく。

江本　これは野党もそうですよね。

濵渦　あまり報道されていないだけで、野党にも実際に派閥はありますからね。

　派閥には、そこそこの適正規模があるんです。田中角栄は「三分の一の計」というのをよく口にしていました。自民党の国会議員のうち三分の一の規模があれば、自民党の主導権を確実に持つことができ、政界を支配できるという発想です。

江本　実際に田中派や竹下派は、そのくらいの規模で牛耳っていましたね。

濵渦　第二次安倍政権になってからは安倍一強と報じられて、安倍派（清和会）が大きくなりましたが、ほかの派閥にもそれなりの規模があります。麻生派（志公会）は五十人くらい、岸田派（宏池会《こうちかい》）も五十人くらい、二階派（志帥会《しすいかい》）は四十五人くらい。安倍派といえども百人くらいなんですよね。

ストライキが打てない労働組合に政治は動かせない

江本　野党の立憲民主党にも代表選がありましたが、濵渦さんはどう見ていましたか。

濵渦　都知事選に出馬した蓮舫を支援していた手塚仁雄も野田派ですね。

野田佳彦は、まだ戦う姿勢がありますね。戦う姿勢がない政治家はやはりダメ。枝野幸男《えだのゆきお》（元代表）はリベラル派が推していますが、労働組合からの支援を受けるためには目立たないといけないのでしょう。

江本　いまは労働組合もバラバラですね。

立憲民主党を応援する組合もあれば、かつての同盟系は国民民主党を中心に応援している。なかには自民党を支援する組合もありますね。

濵渦　労働組合は、昔は賃上げ闘争のために活動していました。賃上げ闘争というのは要するに自民党総裁選みたいなもので、賃上げだけが目標で集まった労働組合だったわけです。でも、いつの間にか安保反対などの政治的なテーマに引っ張られてしまった。

しかし、そういう運動は下火になり、現在は「自分たちの生活をよくしよう」という動きが総評（日本労働組合総評議会）から連合（日本労働組合総連合会）に移って、いまの連合の主体になっています。

やっぱり特定の思想で固まる必要はないんですよね。ただ、いまの労働組合は団体としての結束力も弱くなって、ストライキを打てなくなってしまった。

ストライキは練習をしていないとできないから、急に大きな動きはやりにくい。

それと同じように、労働組合に強い力があれば、政治に影響力を発揮して政策立案の面から目標を実現しようとする動きも本来は出てくるはずなんです。

ただ、それがいまはないから、フワフワしていて、労働組合の動きが見えにくくなっていますね。労使一体というか、政府主導型の動きばかりしているように見える。

政府主導型というのも、結局は昔の労働省、いまの厚生労働省の官僚の言うとおりになっています。

それと経済産業省ですね。産業をつくる側が働く側の組合と一緒になってやっているのが実態です。

マスコミの政治報道に欠けている視点

江本 いまの報道を見ていると、マスコミはただ、「派閥のパーティーが悪い。裏金が悪い」と言っていますが、それだけではなくて、実際に政治にたくさんのお金がかかるしくみの話をしないといけませんよね。

もちろん、これは大きな政党の問題です。私が所属していたスポーツ平和党のようなひとりとか二人の政党では、まったくありませんでした。細々《こまごま》としたものは必要でしたが、大きなお金があっても使い道がないくらいでしたよ。

濵渦 秘書だって三人雇える公設秘書だけでは全然足りませんからね。選挙区のある地元だけでなく、国会でも活動するわけですから。運転手も必要です。本気で活動すればするほど秘書も足りないし、資金も足りないというのが実態なんです。

江本　やはり、ちゃんと活動すればするだけ足りませんよね。

車もそうですが、「国会議員が車の後ろでふんぞり返っている」などとよくいわれますが、自分が運転して事故を起こすリスクを考えたら、やっぱり、しっかりした専用車の運転手を雇って後ろに乗っているほうがいいわけです。そういうことで、お金がどうしても必要になることをわかってほしいですね。

車も、政府の要職に就いている議員や大政党の幹部でもないかぎりは支給されませんからね。そういうしくみをマスコミも伝えてほしいですよ。

私は、いま、一所懸命に国会議員になろうとしている人を見ると、「よく、あんなにしんどいことをやる気になるなあ」とも思いますね。

私自身、国会議員だったころを振り返ると結局、自分の実績としては立法なんです。あとは毎日、ビクビクして、いつ、なんのことで突っ込まれるかわかりませんからね。隣の部屋に濵渦さんのように怒鳴ってくれる人がいたからよかったですが、そんなにいい思いはしていません（笑）。

濵渦　江本さんの在職中に比べたら、いまはもっと政治家にとって窮屈な時代かもしれませんね。

何かあったら、すぐに週刊誌のネタになって、ネットニュースで話題にされてしまいますから。

やっぱり人間的に質のいい人や大きな知識がある人、見識もあり、広い視野でものごとを見られる人は、国会議員にはなろうとしませんからね。残念なことですが、人生観があるような人は国会議員になりません。

言葉は悪いけれど、偏狭であっても情熱がある人に国会議員になってほしい。

もう、こうなったら、誰か人材をスポーツ界から送り込むしかないかもしれませんよ。

江本　以前、誰かに言われたことがあります。
「国会議員は、ご飯を食べられずに道端で倒れている人がいたら、懐からお金を出して、これで食べなさいと施す人ですよ」って。まあ、いま、それを政治家がやったらアウトですが（笑）。

濵渦　篤志家というか、本来は、そういう精神の人がやる仕事なんですよね。

江本　昔はそういう精神だったんでしょうね。面倒見がいいというか、人を助けられる人がなる。

でも、いまはとりあえず、「自分が食べられる範囲で議員をやればいいや」と。「次の選挙でも当選して議員でい続けられればいいや」と。これは根本的な人間の本音なんですよね。

「郵政解散」が日本政治をぶっ壊した

江本　私は日本の政治において、いちばん参議院の権威が否定されたのは、二〇〇五（平成十七）年に小泉内閣で郵政民営化法案が採決されたときだと思っています。

あのとき、参議院で法案が否決されたことを理由に小泉総理は衆議院を解散しました。やはり、あの判断は憲法違反じゃないかと思っています。そういう指摘は当時から一部でありましたが。

濵渦　あのとき、法案成立に造反した自民党の議員たちは最終的に離党せざるをえなくなって、さらにメディアからも守旧派の烙印《らくいん》を押されて苦戦を強いられることになりましたね。私も江本さんと同じように強い違和感を抱きました。

なぜ、参議院が郵政民営化にそれまで抵抗していたのかといえば、それは参議院には郵政族をはじめとして各業界団体の代表が集まっていたからなんです。

彼らは小泉さんが郵政をつぶしたら、その次は自分たちの部門に迫ってくると思っていたのでしょう。もちろん衆議院側にも郵政民営化に反対した議員はたくさんいましたから、そのこともあって、とくに参議院は抵抗していました。

日本の近代国家としての成り立ちを考えると、前島密《まえじまひそか》が始めた郵便局もそうですが、さまざまな制度を自分たちで年月をかけてつくりあげたわけです。アメリカから見たら、それが非常に邪魔だったんでしょう。

実際に小泉総理はアメリカ資本の手先としか思えないような行動ばかりしていましたから。その手先となったのが総務大臣や経済財政政策担当大臣などを務めた竹中平蔵《たけなかへいぞう》ですが、彼は日本の貯蓄を壊して日本の資産を切り売りしたかった。

主に参議院の各団体は明治以来の伝統を守っている人たちが多いから、これは大変なことになると抵抗したわけですよね。自分の地域だけではなく日本中のことを思うからこそ、郵政民営化を否決しようとしたわけです。

ただ、小泉総理にしてみたら、アメリカのジョージ・ウォーカー・ブッシュ大統領とすでに約束ずみのことですから、なんとしてもやりとげたかったのでしょう。そのために、すでにアメリカの金融機関も動き始めていて、日本への参入を目指していましたから、そこで中断する気もありません。郵便貯金を売るという話までしていたくらいですからね。

だから衆議院を解散したわけです。

メディアは、それをまるでいいことのように書き立てていましたが、日本の古くからの制度が崩壊することが、ある種、メディアの飯になる部分があるんですよね。

いまでも、そういう訴えをする勢力はいるし、残党もいる。小池都知事もそうだけれど、アメリカ資本への切り売り部隊になってしまっている。だから、そういう政治家ではなく、日本を守れる政治家を選ばないといけません。

江本　僕は個人的に言うと、あの郵政民営化をめぐる騒ぎがきっかけとなって、ある意味、日本がダメになったと思っています。

あれは僕が参議院議員を辞めた一年半後の二〇〇五（平成十七）年の話ですが、小泉総理は二〇〇一（平成十三）年四月からやっていますから、小泉さんが郵政民営化を訴えて登場してきたところから見ています。

自分が見てきた政治のなかでは、郵政民営化が本当に影響が大きいと思いますね。

とくに、あのとき、小泉さんは世の中の人を悪人と善人に切り分けてしまった。「民営化＝改革＝善人」「反対派＝悪人」と、わかりやすい構図をつくって、マスコミもそれに乗っかって、「あなたは悪人を選びますか」と毎日、報道していました。「守旧派の悪人を選びますか？　それとも善人の改革派を選びますか？」

そのように毎日言われると、有権者は小泉さんに流れてしまったわけです。

あれから、世の中がなんでも悪人と善人に分け始めるようになっていった気がしますね。そのなかで、いまでは悪人の象徴がお年寄りになっています。老害。野球の世界なんかでは全部そこに批判の矛先が向かっていく。

こうなってくると、良いか悪いかではなくて、世の中の議論が単純化されてしまって、立ち止まって考えることなんかしないわけですよね。

僕は参議院議員時代、郵政民営化の議論が行われていたときに、「決算委員会で最後に五十分質問しなさい」と言われて、小泉さんに質問をしたことがあったんです。

そのとき、小泉さんが書いていた本を読んだのですが、彼のいちばんの主張は、あれだけ訴えている郵政民営化ではなくて、首都機能移転でした。

じつは首都機能移転の議論は一九九〇年代（平成二～十一年）にかなり行われていて、

候補地も三カ所に絞られていたんですよね。「栃木・福島」「岐阜・愛知」、それから「三重・畿央《きおう》地域」です。

それが小泉さんの本当の政策だったんです。それから、もっといえば、小泉さんは総理大臣になったときに、「二十一世紀は教育の時代だ」と演説したんです。でも、あの人は教育を飛ばして郵政民営化にかまけてしまった。

そういう背景があったから、国家百年の計とか首都機能移転とか、自説を全部飛ばして郵政民営化一本槍《いっぽんやり》だったのは、すごく違和感がありましたね。あげくの果てに国民を善人と悪人に分けてしまった。実際には、ほとんどの国民は善悪ではなくグレーゾーンにいるじゃないですか。

濵渦　そうなんです。日本は白黒はっきりさせずに「揺らぎ」があることが足腰の強さだったんです。

江本　僕は小泉さんは個人的には嫌いではなかったけれど、あの郵政民営化のときに、これはダメだなと思いました。

反対派の人の応援で、僕もあちこちで演説して、けっこうウケたんです。ただ、蓋を開けてみたら、全然通りませんでしたが……。

濵渦　小泉さんの背後には竹中がいましたね。彼は労働者派遣法の改正を主導したけれど、それでいちばん儲《もう》かったのはパソナグループの南部靖之《なんぶやすゆき》です。竹中も、そのあとにパソナグループの会長に納まって、高額な年俸をもらって、何もせずに大きな部屋を使っている。南部さんから「竹中に会ってくれ」と言われましたが、「大嫌いだからいやだ」と言いましたよ。

「竹中さんが使っている会長室がここなんだ」と、そのときに言っていましたが、それだけ儲かったってことなんでしょうね。

労働者派遣を新しい稼げる分野にしたわけですが、それと引き換えに日本の労働体系は破壊されてしまった。「一生、会社が面倒を見るから」ということで、昔からの技術を伝承していた部分があったはずなんですよね。

ルース・ベネディクトの『菊と刀』（講談社《こうだんしゃ》学術文庫）は日本文化固有の規範を研究した本ですが、あの本に書いてあることと同じことが行われたんですよね。

私は、「何がグローバリゼーションだ」と思っています。地球はひとつですが、日本は日本。グローバリゼーションとは雲をつかむような話で、実態のない虚の話なんです。その結果、やったことは小ずるいことばかりですから。

強い政治家には「大義」がある

濵渦　小泉政権時代、北朝鮮による日本人の拉致問題が注目されたとき、かつて青嵐会にいた中山正暉さんと言い争いになったこともありました。

首都機能移転をめぐる委員会に石原さんが参考人として出席した際に私も同行したのですが、中山さんが抗議しに、控え室に来たんです。

ちょうどそのころ、石原さんが『産経新聞《さんけい》』のコラムで、拉致問題に関連して、被害者の有本恵子《ありもとけいこ》さんの安否にかかわる発言をしていた中山さんを批判していたんですね。

中山さんが記者を集めて抗議してきたから、石原さんと中山さんと三人で東京都が借りている部屋に入って、中山さんがあまりにカッカして文句を言ってくるから、「ちょっと聞いてください」と言ったら、「お前は黙っていろ」って怒鳴ってきたんです。

こっちも、「お前ごときに、お前呼ばわりされる筋合いはないわい。こらあ、正暉」と言ってしまいました（笑）。石原さんと中山さんと私の三人だけでしたから。

ただ、効果はあったと思います。中山さんは私に怒鳴られて急におとなしくなりましたから。それで石原さんが「まあ、大丈夫だから。濵渦、お前はいいから」って言うので、部屋を出たんです。中山さんは新聞記者から「ちゃんと石原さんに抗議ができましたか」と聞かれたら、「濵渦に邪魔された」なんて言っていました。親分を守るのは秘書の役割ですからね。密室では、そんなこともありました。中山さんもそうでしたが、政治家は一対一で会えば、たいしたことはない人も多いんです。

自分を正当化するために、いろんなことを、みんな言っているだけですから。だから、どんなことがあろうと、大きな声だろうが、小さな声だろうが、大義というのがいちばん熱い。そういう人が崩れません。

先ほどの郵政の話でもそうですが、平沼赳夫さんなんかは大きな声をひとつも出さない人ですが、崩れないですね。

憲法改正を言いまくって、郵政民営化にも真っ向から反対して刺客を送られましたが、ちゃんと圧勝して国会に帰ってきました。

有権者との信頼関係が強い。郵政選挙のときこそ、自分の地元の利益だけを言うわけではなく、日本全体の話ができる議員が勝っていました。やっぱり地元の利益ばかり訴えている人は政権には逆らえない。政権と同じ方向ばかり向いてしまうものですね。

でも、平沼さんのように耳当たりのよくないことでも、重要だと思えば、しっかり話して、大きな視野を持って有権者を説得している人はすばらしい。郵政選挙の大逆風のなかで生き残った議員には、それがありました。

江本　あのときの選挙で新人議員もたくさん誕生しましたが、結果的に自民党はガタガタになった気がしますね。それはマスコミが悪いですよ。

小泉総理は最初、就任したときに、「自民党をぶっ壊す」と言っていましたが、本当にぶっ壊しましたね。

いまでは分断社会って言葉が当たり前になってきたけれど、マスコミがなんでも煽《あお》って、善人と悪人に分けて、結果的に現在のような状況になったのは、あのときがきっかけだと思います。

郵政民営化のときも、郵便局がお役所体質で守旧派みたいな印象で報じられていましたが、郵便局のお兄さんを見て、「役人だ」と思う人はひとりもいないでしょう。

みんな地域に密着していて便利だったけれど、いまは民営化が進んで、違うものになってきているじゃないですか。

濵渦　過疎地では、郵便局員さんは丁寧に対応してくれましたからね。

江本　僕が自分なりに思うのは、そのことと、省庁再編と、地方分権と、市町村合併。結果的に、こうした改革が、過疎化をどんどん進めていった気がします。
　政治改革も郵政民営化もそうですが、一瞬は熱があって実現してしまったことが、その後、どうなって、果たして本当に必要だったのか、そもそも検証し直さないといけないと思いますよ。
濵渦　地域の絆《きずな》を保っているのは何か。やはり、お墓だと思うんです。お寺にお墓があって、お祭りがある。市町村合併も、そういう地域の文化を減らしていってしまったね。
　それがグローバル化なんだと思うけれど、神社に人が行かなくなり、苔《こけ》が生えてばっかりになっている。文化がつぶれるということは、そこにあった歴史がなくなってしまうんですよね。それが、いまの日本で起きつつあって、歴史が消えているわけだから、非常に危惧しています。
江本　昔は田舎の小さい町や村に役場があって若者の雇用の場所があった。それが全部消滅してしまって、いまでは都会にしかない。田舎は寂れるしかないんですよね。あげくの果てには郵便局もなくなるわけですから。
濵渦　私の出身地である北川村でも郵便局は縮小して残りましたが、昔のような村民支援のサービスはなく、お店は散髪屋さんが一軒だけ。

ガソリンスタンドもなくなって、農協が小さな雑貨屋さんをやっているくらいで、もうなんにもない。肉も鮮魚もない。だから、みんな隣町に車で出ていかないと買い物ができない。もちろん無医村だし、映画館も喫茶店もないし、吉幾三《よしいくぞう》の歌の『俺《お》ら東京さ行くだ』の歌詞より田舎になってしまった（笑）。

江本　だから本当に政治って大事なんですよね。大事なのにもかかわらず、表面だけで、そういう話がほとんどされない。

濵渦　盆暮れになると、僕はいまも北川村に帰っているんです。先祖から受け継いだお墓がありますからね。

盆暮れに帰るけれど、お祭りもやらなくなっている。文化も歴史も途絶えてしまう……と、私の菩提寺《ぼだいじ》の奈半利町にある極楽寺《ごくらくじ》の住職が嘆いていますよ。

年末になると除夜の鐘をつきに行くけれど、おじいさん、おばあさんばかりだから、交代で鐘つきをみんなで百八回します、その習わしを維持していくのも大変なんですよね。

江本　本当なら、われわれ世代は、そこにちゃんとした町役場や村役場があれば、仕事ができるじゃないですか。

でも、ある程度、高齢者になっても、仕事がないから帰れない。
そういう意味では市町村合併は大失敗でしたね。結果的に小さな地域の拠点をつぶして、全部寂れさせてしまった。

濵渦　合理性によって淘汰《とうた》されたことはあると思うけれど、寂しいですね。

日本を復活させる政治家の条件

江本　ご時世からか、いまのスポーツ界はロサンゼルス・ドジャースの大谷翔平《おおたにしょうへい》一色。大谷一色ですが、水原一平《みずはらいっぺい》通訳のスキャンダルやギャンブルの問題もすさまじいですね。背景があまりにも巨大すぎて、どこか気持ちが悪い。あんなことが許されるのかなと思います。

私自身、野球を生業《なりわい》にしていた人間だけれど、年俸の総額が一千億円というのも正直いって信じられないところがあります。どういう計算をしたら一千億円という数字が出てくるのか。「果たして、そこまで価値があるのか」と本当に思います。

プロスポーツの本場であるアメリカでは、「当たり前だ」と言うかもしれないけれど、果たして本当にそんなに価値があるのでしょうか。やっていない人には、この気持ちはわからないかもしれませんが、われわれと同じように十八・四四メートル先のホームベースに向けてマウンドから球を投げているだけなんですから。

濵渦　江本さんだって現役時の成績はよかったよ。

江本　私はプロ十一年で百十三勝、大谷は同じ年数で八十勝。ですから、三十勝多いわけです。

当時は年俸もそれほど高くなかったから、隔世の感がありますよ。

濵渦　プロ野球選手の年俸は江本さんが引退したあとくらいから急に上がりましたよね。

江本　経済学者が分析すれば、その原因はわかるのでしょうが、たぶん企業がお金を出せるのに出さなかったんでしょうね。

当時だって、球団経営単体は赤字でも、本社の黒字は大きかったはず。王貞治《おうさだはる》さん（巨人監督、ソフトバンク監督などを歴任）、長嶋茂雄さんなどのスーパースターだけ押さえておけばいいという感覚だったのでしょう。

ノムさん（野村克也）も監督兼選手だった南海時代には一億円もらっていたといわれていますから。私たちが数百万円の時代ですよ。ただ、あんまりお金の話をするのはいやなんですよね。

濵渦　スポーツが何かといえば、あれはもう巨大な企業ですね。ビジネスの大きなお話で、一千億円が自分の懐に入ってくるかはわからないけれど。

江本　ただ、スポーツがあまりにも商業化しすぎていますね。

濵渦　スポーツとかバラエティーみたいな娯楽とかアニメ、そういうことを徹底して国民に教え込んで白痴化させる海外勢力の戦略なんでしょう。

江本　バラエティーやスポーツ番組はお涙頂戴をやっていれば大丈夫なんですよ。目に見えないけれど、そういうコンテンツに使われているところがありますね。

私は、そのうちしっぺ返しが来ると思いますよ。ありえない世界になっています。いま、起こっているのは、ある種のスポーツバブル。バブル経済のときは誰もなんとも思っていませんでしたが、それと同じことが起きている気がしますね。

濵渦　政治については、たくさん話をしてきて、これといった提言はないけれど、こんなに鬱積して、モヤッとしている時代はないような気がしますね。

テロとか突発的な事件が起こりうる。予言するのもおかしいけれど、俺だったら「やろうかな」と思うくらい。そのくらい鬱屈している感じがありますね。

何か突発的なウワーッてものが個人個人の力で起こりうる可能性がある。都知事選に出馬していた石丸伸二もそうですが、彼の演説を見ているると、ネットで集まっているのは他人ばかり。

組織化がまったくなされていないんです。何かを探している感じがしました。既存の知名度のあるほかの候補者がダメだから、「石丸はどうだろうか？」と見に来ている感じがした。石丸自身には政治性もなんにもなかったから、モヤモヤしている人たちが集まってきたのでしょう。

江本　プロ野球も、どこの球場でも昔より観客動員数がすさまじいけれど、野球場もそれは似ています。野球場に来ている観客たちは、横の人のことは誰も知らない。野球そのものを応援するというより、あそこに行くことが発散になっている。いま、それに目をつけて、試合後にイベントをやっていて、〇対十で負けたのに、ひとりも帰らないんです。

試合後のイベントを見たいんですよね。それまでにグラウンドに起きていることは、どうでもいいんだ。そのイベントの内容も、ますます幼稚化している。

最近でも千葉ロッテマリーンズが試合後のイベントを強行するために大雨のなかで試合を続けたのではないかと批判されたこともありました。なんか鬱屈したものが野球場にも表れているんですよ。そんなに野球がおもしろいはずないんだから（笑）。

横浜DeNAベイスターズと東京ヤクルトスワローズの試合なんか、昔は熱狂する人もそんなにいなかった。

結局、言うほどひとりのスターが影響を与えているわけじゃないんですよね。市民権を得ているから、「ヤクルトファンです」と言って、「はい」と堂々と手を挙げられる時代になっちゃった。「ベイスターズファンです」と言って、「はい」と手を挙げられる時代になっちゃったんですよ。

昔は支持政党も自民党くらいしか表では言えなかったけれど、いまは「〇〇党のファンです」なんて公言する人までいる。それと同じですね。

都知事選での石丸伸二現象も私は同じだと思う。あんな言い方をする人が、私が子どものころに同じクラスにいたら、殴り倒しているけれど。

濵渦　フラストレーションを抱えている人がたくさんいて、彼らがどこかに集まりやすくなっています。石丸のことを憧れとして見ているわけでもないし、自分よりレベルが高い存在だとは微塵《みじん》も思っていないんです。「わりと近いから、試しに見に行こうか」くらいの話じゃないでしょうか。

鬱積したものがあって、ものすごくレベルのいい人の横にずっといたいかといったら、そうではない。ちょっとアホなところで文句を言いたいという気持ち。

それが偶像化されるような人が出てきて、人心を掌握するようになれば、この国にも独裁者が誕生するかもしれません。アドルフ・ヒトラーが出てくる前夜のワイマール共和国みたいな感じですね。

江本　そんな、どんよりした雰囲気がありますね。

濵渦　小池百合子が三選されたのも同じ。ただ、保守系じゃないと勝てません。蓮舫のように共産党がついていたら、やっぱり勝てない。

僕は日本維新の会の音喜多《おときた》駿《しゅん》政調会長に会ったときに言ったんです。「都知事選、候補者を出せよ。もし出せないなら、あなたが出ろよ」と。そうやって何かしないと、おもしろくならないから。維新もそう。野党第一党を狙っているなら、議席を増やさないといけないけれど、政権を獲得して、この国を変えるということは、まだ言わないでしょう。それではもの足りないよね。

「立憲になり代わって野党第一党に」と言われても、立憲がそもそもそれほど強くないんだから、誰も興味を持ちません。

江本　政治と野球も一緒だけれど、SNS（ソーシャル・ネットワーキング・サービス）を見てくれる人たちが自分の背景だと思ったら、大間違いです。

野球でもSNSで影響力がある人が発言力がある時代になってきている。でも、正しいか、正しくないかといえば、どちらでもいいような話をしているわけです。

だから社会に大きな影響を与えるとしても、石丸人気が続かないのと同じように、一過性の現象だけだと思う。本当は、ちゃんとしたリーダーが出てこないとアカン。

濵渦　リーダーというのは本当に難しいと思うけれど、とんでもない存在には、何かに特化した人がなれるんです。

全部がわかっている人は、だいたいその世界に来ない。何かひとつに強く特化している人。強いていうなら医療に特化していた徳田虎雄さんのような人が出てきたら強い。このままではダメだと立ち上がれる人ですね。

自民党なら小野寺五典《おのでらいつのり》さん（元防衛大臣）とか、「ヒゲの隊長」の愛称で知られる佐藤正《さとうまさ》久《ひさ》参議院議員とか、しっかりした専門性がある人。物価がどうだとか、女性の人権がどうだとか、そういう小手先の話ではなくて、もっと自分の父親や母親、子どもたちのことを根本的に思える人がいいですね。

昔でいうと、奥野誠亮《おくのせいすけ》先生（法務大臣などを歴任）のような清廉で法律にも精通し、毅《き》然《ぜん》とした政治姿勢で国家を支えた方。

日本の未来につながるようなことを提案できる人が、やはりいい。参政党や日本保守党の支持者もそうだけれど、自民党に飽き足らない人はたくさんいますから。

僕は、たくさんの選挙をやっていたから、「人を集めて、人を動かす」ということを非常に重要に捉えています。人の体を動かす力、昔は、これには文章も重要でしたね。

石原さんの小説に『刃鋼《はがね》』（角川《かどかわ》文庫）という作品がありますが、石原さんは、「俺はテロリストにはなれないけれど、小説を書くことで俺はテロリストをつくることはできる」と言っていました。本を読んで、「テロをやってみようか」というのは、本来はレベルの高い人間のすることなんだ。

もちろんテロを推奨しているわけではありませんが、何か行動をするということを、気力と体力のある人には強く意識してもらいたいですね。

おわりに

政治家にも「名監督」の陰に名参謀あり

江《え》本《もと》孟《たけ》紀《のり》

「名監督の陰に名参謀あり」とはよく言ったもので、プロ野球界では、古くは川上哲治さんと牧野茂《まきのしげる》さん、星野仙一《ほしのせんいち》さんと島野育夫《しまのいくお》さん、西本幸雄《にしもとゆきお》さんと仰木彬《おおぎあきら》さん、広岡達朗《ひろおかたつろう》さんと森祇晶《もりまさあき》さんなどが、名監督と名参謀、名ヘッドコーチのコンビとして知られている。

政界でも、この関係はいうにおよばず、長期政権を築き上げた総理大臣は、たいてい優秀な秘書官によって支えられているものなのである。

七年八カ月の歴代最長政権となった第二次安倍政権では菅義偉官房長官も評価していた経済産業省出身の今井尚哉《いまいたかや》総理秘書官の尽力が大きかったといわれているし、五年五カ月続いた小泉政権でも、北朝鮮への訪問やマスコミ対応などに辣腕を振るった飯島勲《いいじまいさお》総理秘書官の多大な献身があったといわれている。

芥川賞作家から国会議員になり、四期十三年ものあいだ都政を担った石原慎太郎さんにも、その生涯にわたって陰になり日向《ひなた》になって尽くされた人物がいる。

私の中学生以来の長年の友人である濵渦武生さんだ。

濵渦さんの石原さんに対する献身ぶりは今井秘書官や飯島秘書官以上のものといっても過言ではないだろう。

濵渦さんは石原さんの衆議院への鞍替えのために関西から上京するや、二十代半ばで石原事務所の筆頭である公設第一秘書となる。

さらに、アンチ田中角栄を掲げるタカ派議員の集団「青嵐会」の事務局などを務めて長年、政治家・石原慎太郎を支え続けていく。

本書でも明らかにされているが、濵渦さんの献身ぶりは、ある意味で度を超している(笑)。

石原さんから裏切った秘書を「ちょっととっちめてこい」と指示されれば、昔取った杵《きね》柄《づか》を生かして実力行使にすらおよんでいるからだ。君主(政治家)に命がけで仕える配下の武将(秘書)としては、まさしく忠臣の行動といえる。

だが、実際に警察に少々ごやっかいになることすら辞さずに行動できるかといえば、やっぱり別問題。現在に比べればむちゃが通ったあの時代といえども、濵渦さんのような秘書が、どれだけいただろうか。

議員秘書として石原さんを支えた濵渦さんの活躍は、それだけにとどまらない。

竹下派がわがもの顔で蠢《うごめ》く日本の政界に絶望し、石原さんが衆議院議員を辞職すると、浪人中の石原さんをその都度、叱咤激励しながら、最終的には、かつて一敗地にまみれた東京都知事という新たなステージへと引っ張り上げるのである。

東京だけでなく日本中から脚光を浴びた石原都政の誕生を語るうえで、濵渦さんの存在は欠かせないものなのである。

副知事時代、石原さんの指示のもと、最前線で改革の指揮を執った濵渦さんは、既得権を侵されることを恐れる都議会議員や旧態依然の都の職員たちから忌み嫌われてしまう。

しかし、当の濵渦さん本人は、そのような評判を恐れることはいっさいなかった。

むしろ自分への悪評こそが何よりの勲章であったとまで語っている。

「私が都議や職員から悪者だと思われる分だけ、石原さんが都民から評価される最高の革命児になる。だから嫌われるのも光栄だと思っていましたよ」

これこそ真の名参謀の言葉であり、石原慎太郎が政治家としていかに恵まれた存在だったかを表す言葉といえるだろう。翻って、令和時代のプロ野球界にも、このような参謀が生まれることはあるのだろうか。

本書では日本政治のさまざまな舞台裏で、そんな濵渦さんが、いかに活躍していたかが存分に明らかにされている。誰かを支えて、ものごとをなそうとする人に、ぜひ読んでほしい。

（文中一部敬称略）

政治家《せいじか》ぶっちゃけ話《ばなし》
「石原慎太郎《いしはらしんたろう》の参謀《さんぼう》」が語《かた》った、あのニュースの真相《しんそう》

2024年11月26日　第1刷発行

著　者　濵渦武生《はまうずたけお》
聞き手・プロデュース　江本孟紀《えもとたけのり》

ブックデザイン　HOLON
撮　影　吉場正和

発行人　畑 祐介
発行所　株式会社 清談社Publico
〒102-0073
東京都千代田区九段北1-2-2 グランドメゾン九段803
TEL:03-6265-6185　FAX:03-6265-6186

印刷所　中央精版印刷株式会社

ISBN 978-4-909979-71-1 C0095

清談社
Publico

https://seidansha.com/publico
X @seidansha_p
Facebook https://www.facebook.com/seidansha.publico

ISBN:978-4-909979-51-3　定価：本体 1,500 円+税